2017 年浙江省哲学社会科学规划课题"气候变化背景下浙江省低碳农业发展战略与政策研究"（17NDJC267YB）的研究成果

气候变化背景下浙江省低碳农业发展战略与政策研究

米松华　杨良山　著

中国农业出版社

图书在版编目（CIP）数据

气候变化背景下浙江省低碳农业发展战略与政策研究 /
米松华，杨良山著. —北京：中国农业出版社，2018.2
　ISBN 978-7-109-23934-0

Ⅰ.①气…　Ⅱ.①米…②杨…　Ⅲ.①节能－农业经
济发展－经济发展战略－研究－浙江 ②节能－农业经济发
展－农业政策－研究－浙江　Ⅳ.①F327.55

中国版本图书馆 CIP 数据核字（2018）第 031254 号

中国农业出版社出版
（北京市朝阳区麦子店街 18 号楼）
（邮政编码 100125）
责任编辑　姚　红

中国农业出版社印刷厂印刷　　新华书店北京发行所发行
2018 年 2 月第 1 版　　2018 年 2 月北京第 1 次印刷

开本：700mm×1000mm　1/16　印张：10.75
字数：230 千字
定价：45.00 元
（凡本版图书出现印刷、装订错误，请向出版社发行部调换）

序

气候变化是当今国际社会普遍关注的全球性问题，也是人类面临的最为严峻的环境问题之一。以低能耗、低污染、低排放为基础的低碳经济，已成为转变经济增长方式和应对气候变化的根本出路。低碳农业是低碳经济的主要组成部分，一方面，相对工业系统，农业碳源碳汇双重特征使低碳农业比低碳经济具有更丰富的内容，农业可以通过"促汇抑源"双重措施在低碳经济中发挥作用。另一方面，我国现代农业向低碳转型已迫在眉睫，一是高能耗现代农业发展模式与农业面源污染交织在一起，化学投入品过量施用导致的空气、水体、土壤立体交叉污染已从源头上威胁到食品安全；二是受工业投入品"能源化"影响，农业陷入高成本和政府高补贴的恶性循环。然而在新近的低碳经济发展方案中农业并没有受到重视，这在很大程度上是由于低碳农业发展既需要投入减排、过程减排、增产减排等多种途径的农业减排技术等应用基础科学的支撑；也需要社会科学、经济科学和农业科学多学科结合的实际研究。可以说，只有通过耕作制度、减排技术、管理措施的协同控制，政府、农户和相关组织的协同推进，才能达到减排和适应、减排和粮食安全、减排和多种正外部效益的协同发展，而多学科协同创新的思想和初步尝试正是本书的一大特色。

由于国家对农业的特殊需求，决定了低碳农业应该是"增产减排或稳产减排"，最佳实现路径就是提高单位农业碳排放的产出水平，即提高农业碳生产力。浙江省作为我国改革先行地和试验田，近年来在创意农业、农业综合体等现代农业一、二、三产融合发展方面进行了创新与实践，农业碳生产力显著提升。同时，作为习近平总书记"两山"理论发源地，在践行"两山"理论推进经济社会低碳转型方面也成为全国标杆。作者经过多年实践、调研和系统总结，概括了浙江创意农业推进低碳农业发展的实践与创新、浙江现代农业综合体推进低碳农业发展的实践与创新，以及浙江践行"两山"理论推进低碳转型的实践与模式，从而使整个低碳农业研究更接地气，这可以说是国家农业发展方式理论和实践上的重大创新。

弟子米松华一直从事农业资源与环境和农业可持续发展的研究，作为一位青年科研人员，米松华博士由于具有林业经济和生态学的研究背景，攻读博士学位期间一直致力于低碳农业研究，以博士生身份拿到国家社科基金资助和获得国务院教育部博士研究生学术新人奖。博士毕业到浙江省农业科学院工作后，更是主动参与到土壤、肥料、畜牧等学科组研究中。她作为子课题负责人参与了创意农业和农业综合体这两种现代农业模式的地方实践和理论研究，以及"两山"理论浙江践行的模式提炼与经验总结。这本著作是她在学科交叉领域的进一步实践，希望她在未来的学术道路上继续努力，不断进取，在农业资源与经济和农业可持续发展领域取得更大的成就。

浙江大学中国农村发展研究院院长、博士生导师

黄祖辉

2018 年 1 月于浙大紫金港

前　言

全球气候变化作为当今人类社会面临的四大问题[①]之首，其引发的一系列全球性生态、环境问题正威胁着人类的生存和发展。目前，减缓和适应气候变化已成为世界各国共同关注的热点议题。有越来越多的证据表明，气候变化的主要原因是由人类活动排放过量的二氧化碳（CO_2）、甲烷（CH_4）、氧化亚氮（N_2O）等温室气体（GHG）引发"全球温室效应"所致。

全球气候变化对农林业发展有很大影响，但反过来，农林业发展也影响着全球气候变化。在全球气候变化的减缓与适应中，农林业具有特殊的双重属性，它既是温室气体的排放源（碳源），又是温室气体的吸收汇（碳汇），联合国政府间气候变化专门委员会（IPCC）于1990年、1995年、2001年和2007年先后发布4次全球气候变化评估报告及一系列特别报告、技术报告和方法指南，尤其是第四次评估报告，对农林业在温室气体减排增汇的作用和潜力给予了高度关注。然而，如何审视我国农林业活动对温室气体排放的贡献？在保障生存与发展的刚性需求约束下，我国的农林业在温室气体减排中能否发挥作用和如何发挥作用？如何评估我国农林业温室气体减排、农林业生态系统调整碳汇储量及其高碳生产率转化和替代的潜力？如何评价我国农林业温室气体减排、增汇、转化措施的成本效益？农林业能否与一些行业一样，成为具有独特竞争优势的战略性低碳产业？对于诸如此类的问题，由于涉及学科面广且机理复杂，亟待开展系统而深入的研究。在气候变化背景下开展低碳农林业发展战略及政策研究，既是遏制、缓解全球气候变化趋势的必然要求，也是我国降低温室气体排放的现实选择，更是我国经济发展方式转变的客观要求，还是农业发挥多样性功能实现农业现代化的具体内容。基于作用、潜力和成本效益开展本项目研究，具有重要的战略意义、现实意义、理论意义和应用价值。

作为中国的经济发达地区，浙江也是最先遭遇环境污染困扰、最先意识到"绿水青山"才是"金山银山"、最先进行生态文明建设探索的省份。早在2002年6月，浙江省第十一次党代会就提出了建设"绿色浙江"的战略目标。10多年来，生态浙江如一根红线贯穿始终，成为全省现代化建设和生态文明

---

① 联合国开发计划署，《2007/2008年人类发展报告：应对气候变化：分化世界中的人类团结》，2009年。

建设的目标追求，实现了"用绿水青山换金山银山"，到"既要金山银山也要绿水青山"，再到"绿水青山本身就是金山银山"的历史性跨越。随着目标定位不断提升，逐渐构成了以生态省为龙头，绿色浙江、生态浙江、美丽浙江一脉相承、互为一体的战略目标体系。可以说，作为习近平总书记"两山"理论发源地，浙江省在发展生态经济、循环经济、低碳经济推进生态文明建设、推动产业转型升级、推动农业供给侧结构性改革方面的很多做法很有特色，值得借鉴。全书研究内容主要分三篇展开。

第一篇为低碳农业理论篇，包括第1、2、3、4章的内容。主要包括低碳现代农业研究综述、碳足迹核算方法优化以及浙江省农业碳源碳汇核算、适用性农业减排技术筛选以及农户对这些适用性减排技术采纳决策行为分析。

第二篇为低碳农业实践篇，包括第5、6、7章的内容。主要从提高单位碳排放的农业产出水平，即提高农业碳生产力的角度出发，调研总结提炼了浙江创意农业推进低碳农业发展的实践与创新、浙江现代农业综合体推进低碳农业发展的实践与创新，以及浙江践行"两山"理论推进低碳转型的实践与模式。

第三篇为低碳农业政策篇，包括第8、9章的内容。系统提出我国低碳现代农业的总体目标、基本路径以及政策体系。

目　　录

第二篇 低碳农业实践篇

第三篇 低碳农业政策篇

第一篇　低碳农业理论篇

第 1 章 低碳农业研究文献综述

本章主要对国内外低碳农业研究文献进行综述，侧重研究主题与研究方法匹配的系统分析，为后续研究提供理论基础。

1.1 低碳农业问题文献检索情况

文献检索本身可以从时间脉络上明确低碳农业问题的发展趋势，包括：成果数量、主要期刊、研究成果类型（期刊、著作、论文等）、研究主题、研究方法，从而在整体把握相关文献的基础上，为明确研究的落脚点和细致分析经典文献提供坚实基础。本研究关于低碳农业问题国内外文献检索分三步进行：首先，按年份搜索低碳农业问题时间序列并明确主要期刊、成果数量、代表作者，构建"文献池"① （article pool）；其次，对文献检索按照研究主题（research topic）分类；最后，对文献检索按照研究方法（research method）分类，并归纳研究主题和研究方法的匹配。

1.1.1 低碳农业问题英文文献检索情况

利用浙江大学图书馆 Google Scholar、CALIS 外文期刊网，以及数据库外文资源，用关键词 low carbon agriculture 搜索，搜索结果（在题名和关键词中）完全匹配的只有 3 篇文章，值得注意的是这 3 篇文章均出现在中文期刊以英文翻译的标题或关键词中；英文文献中只有 2 篇用模糊搜索基本匹配的，分别为 low greenhouse gas agriculture、low‐input sustainable agriculture，可见，国外并没有所谓"低碳农业"的提法。进一步，考虑到低碳农业核心是农业源温室气体减排，因此用 mitigation/agriculture 进行模糊搜索，以《联合国

---

① 本部分应用攻读博士学位期间王重鸣老师讲授的《高级管理研究方法》中涉及的文献综述阅读和写作的方法。主要参考文献是王重鸣老师推荐的 Zack Jourdan R.，et al（2008）和 Armitage A.，et al（2009）两篇文章（详细出处见参考文献）。笔者对王老师该部分内容感觉受益匪浅，越来越多的文献综述开始包括文献检索部分，好的文献检索不仅可以使接下去的文献综述更全面，而且能明确相关主题的主要期刊和代表作者，这对今后投稿和向相关研究领域大师请教都提供了明确指向；另一方面，清晰的文献检索介绍对读者来说，可以迅速了解该领域资料寻找的关键词，这对于搜索英文文献尤为重要。

气候变化框架公约》开始实施的 1992 年为检索时间起始点，截至 2012 年 9 月，含有 mitigation/agriculture 关键词的各类文献 99 000 篇，从题名和关键词来看，发现经常同时出现 adaptation 和 climate change 两个词，可以基本推断低碳农业问题在国外研究有三个相互交叉的分支，即：气候变化与农业减排、农业减排、农业减排与适应气候变化。从作者角度，Smith P. 发表以及被引用的文章达 23 000 篇次，占总数的近 1/4，Z. Cai（中国科学院南京土壤研究所蔡祖聪研究员）是中国作者在国际刊物上发表以及被引用上述三方面研究内容最多的，共 3 810 篇次。表 1.1 按时间列出了低碳农业问题三大相关主题英文文献检索结果，其中时间区间按照国际上关于气候变化谈判和低碳经济发展关键结点进行划分（表 1.5）；表 1.2 汇总了相关研究的主要英文期刊分布。

表 1.1   低碳农业问题时间序列英文文献检索结果

时间区间	相关英文文献检索数量（篇）
1992—1996	6 210
1997—2002	10 990
2003—2005	15 000
2006—2007	20 100
2008—2009	30 000
2010—2012 年 9 月	16 700
合　计	99 000

资料来源：浙江大学图书馆 Google Scholar、CALIS 外文期刊网，作者整理。

表 1.2   低碳农业问题英文文献主要期刊分布（1992—2012 年 9 月）

期　　刊	篇数	比重（%）
Agriculture Systems	21 681	21.9
Agriculture，Ecosystems and Environment	18 612	18.8
Agricultural Economics	12 375	12.5
American Journal of Agricultural Economics	9 306	9.4
Agriculture and Resource Economics	9 306	9.4
Review of Agriculture Economics	7 722	7.8
Renewable Agriculture and Food Systems	6 237	6.3
Climate Change	4 653	4.7
Ecological Economics	2 871	2.9
Others*	6 237	6.3

资料来源：浙江大学图书馆 Google Scholar、CALIS 外文期刊网，作者整理。* 文献主要是偏土壤学和农学的期刊，如：Bioscience、Soil&Tillage Research 等。

由表 1.1 看出，低碳农业问题研究呈逐年上升态势，研究成果集中在 2006—2009 年；由表 1.2 看出，国际方面，低碳农业问题研究期刊档次较高，以上期刊都是 SCI 或 SSCI 检索期刊，主要集中在农业生态学、环境经济学、农业经济学以及农学与农业经济学的学科交叉研究中。表 1.3 进一步对 1992—2012 年间 99 000 篇英文文献三个分支进行研究主题和年份的交叉研究，以此发现研究主题方面的变化趋势。

表 1.3　低碳农业问题英文文献研究主题与年份的交叉研究

研究分支 / 年份		1992—1996	1997—2002	2003—2005	2006—2007	2008—2009	2010—2012	合计
气候变化与农业减排 （climate change/mitigation/agriculture）		2 780	3 650	4 290	6 140	6 657	4 220	27 737
农业源温室 气体减排 （mitigation/agriculture）	来源（source）	1 310	1 805	1 969	2 293	4 652	1 174	13 203
	技术（technology）	504	956	1 440	2 974	5 530	3 595	14 999
	政策（policy）	286	2 208	2 321	3 243	5 300	2 896	16 254
农业源温室气体减排 与农业适应气候变化 （mitigation/agriculture/adaptation）		1 330	2 371	4 980	5 450	7 861	4 815	26 807
合计		6 210	10 990	15 000	20 100	30 000	16 700	99 000

资料来源：浙江大学图书馆 Google Scholar、CALIS 外文期刊网，作者整理。

由表 1.3 可以看出，与表 1.1 反映的检索信息相同，关于低碳农业问题研究集中在 2006 年（《斯特恩报告》）至 2009 年（哥本哈根气候变化大会）的四年间，而 2008 年（世界环境日提出发展"低碳经济"主题）至 2009 年整个研究处于激增态势，其中，农业源温室气体减排所占比重加速上升，这其中又以减排技术和减排政策研究上升速率更快；农业减排和适应协同机理机制研究在 2008—2009 年激增态势明显，显示了农业减排问题与农业适应气候变化问题耦合研究态势；气候变化与农业减排的基础性研究处于缓慢增长态势。

从研究方法角度，通过浏览低碳农业问题三大研究分支 1992—2012 年 9 月间各自"被引用次数"排在前 20 位的共 100 篇文献的摘要，表 1.4 对低碳农业问题英文文献三个分支进行研究主题和研究方法的交叉研究，以此明确研究主题和与之匹配的研究方法。

表 1.4 低碳农业问题英文文献研究主题与研究方法的交叉研究

研究方法 研究分支		数据来源	研究方法	研究内容
气候变化与农业减排 （climate change/mitigation/agriculture）		二手数据	文献研究/杂交投入—产出生命周期法	农业温室气体排放的数量和结构特征核算
农业源 温室气体 减排 （mitigation/ agriculture）	来源 （source）	实地观测	田野实验	农业源温室气体（CH_4、N_2O、CO_2）来源测度和减排机理
	技术 （technology）	样本调查	专家判断/边际减排成本曲线（MACC）	减排技术和管理措施的可行性评价及减排成本分析
	政策 （policy）	田野研究一手或二手数据	可计算一般均衡模型（CGE）	减排农业源温室气体政策工具及对经济的全面影响
农业源温室气体减排 与农业适应气候变化 （mitigation/agriculture/ adaptation）		二手数据	文献研究	农业减排和适应气候变化协同机理和机制

资料来源：浙江大学图书馆 Google Scholar、CALIS 外文期刊网，作者整理。

由表 1.4 可以看出，基于气候变化对农业的影响以及农业减排问题本身性质，国外低碳农业问题研究方法特别强调学科交叉，农学、土壤学、生态学等自然科学通过长期田野实验积累出基于不同生态环境具有地点特定性（site-specific）的农业源温室气体排放一手数据，为经济分析提供大量经验公式、相关数据、基本参数；经济学运用模型筛选出具有成本—收益比较优势的减排技术以及模拟不同政策工具情景下的全面经济影响。

研究结论：从英文文献检索结果来看，虽未见"低碳农业"提法，但对其农业源温室气体减排核心内容已有广泛研究，并在 2006—2009 年呈现激增态势且期刊档次较高，形成了以自然科学"田野实验"为主要研究方法（以减排来源测度、减排机理、风险规避为研究内容）和以经济学为主的社会科学"各类模型"为主要研究方法（以减排技术可行性筛选、减排成本收益分析、政策效果分析为研究内容）的研究内容以及与之匹配的研究方法的一体化分析框架。

1.1.2 低碳农业问题中文文献检索情况

利用浙江大学图书馆 CNKI 中国知网数据库，用关键词"低碳农业"搜索，搜索结果（在题名和关键词中）完全匹配的有 367 篇；进一步用关键词"农业源温室气体减排"搜索，完全匹配的有 75 篇文章，以下文献检索分析主要针对两大主题 442 篇期刊、学位论文、会议论文。从文献检索结果看，我国关于"低碳"研究最早始于 1999 年，"低碳经济"研究最早始于 2003 年，而明确提出"低碳农业"一词最早出现在 2008 年，2008—2012 年 9 月涉及"低碳农业"的文献 367 篇，大量研究集中在 2010—2011 年（表 1.5）。从两大主题期刊分布来看，低碳农业论文刊发的期刊非常分散且期刊档次较低，尤其是农业经济领域一级期刊对低碳农业问题给予特别关注的极少；而农业源温室气体减排问题刊发的期刊相对集中且档次较高（表 1.6）。此外，全国低碳农业研讨会（2010 年 6 月，北京）和海峡两岸低碳农业发展战略与技术对策研讨会（2010 年 6 月，福建）形成了一些会议论文也占了较大比重。从作者的角度，低碳农业问题以赵其国院士文章引用转载率最高；农业源温室气体减排则以董红敏和李玉娥（该研究团队承担了我国农业活动温室气体排放清单编制工作）文章引用转载率最高。

表 1.5　低碳农业问题时间序列中文文献检索结果

时间区间	低碳农业问题中文文献检索数量（篇）
1992—2008	20
2008	32
2009	48
2010	158
2011	106
2012 年 9 月	78
合　计	442

资料来源：CNKI 中国知网，作者整理。此表统计包含了"低碳农业"和"农业源温室气体减排"两个主题。

表 1.6　低碳农业问题中文文献主要期刊分布

期　　刊	篇　数	比　重（%）
主题一：低碳农业（共 367 篇）		
安徽农业科学	23	6.3
作物研究	21	5.7
农业经济	18	4.9
生态经济	12	3.3
农村经济	9	2.5
安徽农学通报	9	2.5

（续）

期　刊	篇　数	比重（%）
主题一：低碳农业（共 367 篇）		
农业经济问题	8	2.2
中国人口·资源与环境	8	2.2
生态环境学报	6	1.6
中国农学通报	6	1.6
农业现代化研究	6	1.6
合　计	126	34.4
主题二：农业源温室气体减排（共 75 篇）		
农业工程学报	10	13.3
生态环境学报	8	10.7
农业环境科学学报	8	10.7
中国农业科学	8	10.7
中国人口·资源与环境	6	8
安徽农业科学	6	8
气候变化研究进展	4	5.3
合　计	50	66.7

资料来源：CNKI 中国知网，作者整理。此表统计包含了"低碳农业"和"农业源温室气体减排"两个主题。

表 1.7　低碳农业问题中文文献所涉及的研究主题分布

主题一：低碳农业（共 367 篇）

研究主题	路径·模式·对策	国内外实践经验	内涵	必要性和可行性	现状与制约因素	其他
文献数目	230	37	6	21	8	65

主题二：农业源温室气体减排（共 75 篇）

研究主题	排放机理与减排技术对策	土壤、农田、稻田、畜牧减排固碳技术和减排潜力
文献数目	39	36

资料来源：CNKI 中国知网，作者整理。

研究结论：从中文文献检索结果来看，研究内容方面，从 367 篇低碳农业文献题名和关键词分析，研究主题集中在发展模式、路径、对策、思路、战略研究方面，其次为国内外实践介绍，再次为内涵及发展必要性和可行性探讨，其他分散研究体现在现状与制约因素、低碳农业与农业现代化、低碳农业与碳金融、农业 CDM 发展研究等。从 75 篇农业源温室气体减排文献题名和关键词分析，研究主题集中在土壤、农田、稻田、畜牧等排放机理和减排技术方面。研究方法方面，多采用定性研究法，鲜有的定量研究仅是基于 IPCC 提供的相关参数或引用文献中的经验公式等二手数据进行简单计量；农业源温室气体减排机理和减排技术研究与英文文献类似，采用田野实验法。由于自然科学和社会科学学科割裂以及环境经济学等学科发展滞后（沈满洪，2011），我国低碳农业研究还未形成研究内容和与之匹配的研究方法的一体化分析框架。很多需要多学科结合的诸如适用性减排技术筛选、农户采纳行为分析、减排成本收益分析等实证研究几乎处于空白。

1.2　国外低碳农业研究文献综述

本部分主要基于前文英文文献检索结果发现的国外低碳农业问题三大研究分支的五个细化研究主题，对主要经典研究①文献进行综述。

1.2.1　农业源温室气体来源测度和减排机理研究

农业源温室气体来源测度和减排机理是制定减排技术和管理措施以及相关经济分析的基础。农业源温室气体约占全球人类活动温室气体排放总量的 $10\%\sim12\%$（Smith P.，et al，2007；IPCC，2007）、15%（Organic Consumer Association，2008）、20%（FAO，2008），可见，现代农业成为温室气体重要来源之一已成为一个不争的事实。

农业排放大量的 CH_4、N_2O、CO_2（Cole C.V.，et al，1997；Paustian K.，et al，1997；IPCC，2001；US EPA，2005），排放全球 $60\%\sim80\%$ 的 N_2O（World Bank，2008），主要来自农田的直接和间接排放（间接排放指化肥生产和运输）、田间焚烧、放牧、动物粪便（Oenema O.，et al，2005；Storey，2007）；排放全球 $50\%\sim70\%$ 的 CH_4（World Bank，2008），主要来自反刍性畜肠道发酵、水稻种植、动物粪便（Mosier A.R.，et al，1998）；排放全球 1% 的 CO_2（World Bank，2008），主要来自农机、化肥和其他化学投入品的生产和使用（Janzen H.H.，2004；Smith P.，2004）。从农业源温室气体排放内部结构来看，FAO（2008）指出了农业五大排放源依次为：土壤（38%，CH_4+N_2O）、反刍性畜肠道发酵（32%，CH_4）、生物质燃烧（12%，CH_4+N_2O）、水稻种植（11%，CH_4）和畜禽粪便（7%，CH_4+N_2O）。Smith P.，et al（2007）总结了造成农业源温室气体排放增加的原因主要包括人口压力、饮食结构变化（畜产品消费增加）、技术变革（化肥使用激增、灌溉用水增加、集约化养殖）；造成农业源温室气体排放减少的原因主要包括农业土地生产力

----

① 这里经典研究指属于 TOP 期刊且引用率较高的文献和研究报告。

提高、采用保护性耕作技术、环境及非环境政策的推行。

从 CH_4 和 N_2O 两种主要农业源温室气体减排机理来看，牲畜 CH_4 排放是饲料在消化道正常发酵所产生的。牲畜肠道发酵 CH_4 排放量与牲畜类型、年龄、体重、饲料质量、采食水平有关（Monteny G. J.，et al，2006；Lassey K. R.，2007）。稻田 CH_4 排放是产甲烷菌在厌氧环境下的稻田中利用田间植株根际部的有机质转化形成 CH_4 的量，除去水稻根部 CH_4 氧化菌对 CH_4 氧化后的剩余量。稻田甲烷排放主要受土壤性质、灌溉和水分状况、施肥、水稻生长和气候等因素影响（Wassmann R.，et al，2000；Reicosky D. C.，et al，2000）。牲畜废弃物厌氧储存和处理过程均产生和排放 CH_4。牲畜粪便 CH_4 排放通量主要取决于粪便处理方式和气候条件（Comfort S. D.，et al，1990；Oenema O.，2006）。土壤中 N_2O 的产生主要是在土壤微生物的参与下，通过硝化和反硝化作用机理完成。一般认为反硝化比硝化作用机理具有更大的 N_2O 排放贡献。影响农田 N_2O 排放的因素主要有作物类型、土壤类型、施肥方式及灌溉技术与模式等农业管理措施和光温水等气候因素（Smith P，2004；Monteny G. J.，et al，2006）。

Smith P.，et al（2007，2008）根据上述减排机理计算了在不同减排价格情景下全球各区域农业源温室气体减排技术潜力，其中减排技术潜力较高的措施分别为耕地管理（含旱地和水田）、牧场管理、土壤养分管理、退化耕地恢复。其他研究也指出实际减排潜力远远低于技术潜力，实际减排除受到生化原理和价格影响外，还受到制度、教育、社会和政治等多因素约束（Cannell M. G. R.，2003；European Climate Change Programme，2003；Freibauer A.，2004）。

1.2.2　农业源温室气体数量和结构特征核算研究

全球农业源温室气体排放数量核算一般是基于《2006 年 IPCC 国家温室气体清单指南》第四卷农业、林业与其他土地利用进行的估算。考虑到农业区域差异对温室气体排放的影响，一些生态学和农学专家通过长期田间实验和监测对 IPCC 相关参数、公式、影响因子进行了调整，康奈尔大学著名生态学教授 David Pimental 所在的罗代尔研究所利用 Farming System Trial 将实验分成传统集约农业（化肥）、种养结合有机农业（粪肥）、豆科轮作有机农业（植物固氮）三个地块，研究了从 1981—2002 年 22 年间三种不同耕作方式在能源投入、土壤有机质、水质、生物资源、产出水平、劳动力投入方面的差异，其中积累的实验数据成为估算农业生物减排潜力和从经济学视角研究减排成本的重要基础数据。

经济学学者利用投入产出表提供的产业之间的相互关联，进一步将农业源温室气体核算拓展到农业投入品各上游生产阶段直接与间接能源需求，从而形成了基于环境投入产出法（EIO）与农业生产全生命周期（LCA）杂交的核算方法（Matthews H. S.，et al，2008）。同时世界资源研究所和世界可持续发展工商理事会、Matthews H. S.（2008）等机构和学者提出了分层投入产出—生命周期评价方法（Tiered Input-Output Life Cycle Assessment，TIO-LCA），将农业系统碳排放进行分层核算[1]，以便分清采取农业减排行动的优先次序（Lenzen M.，2001）。

值得注意的一个研究现象是：在研究农业源温室气体数量和结构特征核算问题时，多采用传统集约农业与有机农业的比较研究法（comparative study）。

Richard W.，et al（2006）等运用杂交投入产出生命周期法对澳大利亚传统集约农业与有机农业的环境影响进行了比较研究。从样本选取上特别强调了不同区域、不同产品、不同规模、不同耕作方式和从事有机耕作的不同时间；从研究方法上生命周期分析计量了整个农业过程（on-farm）直接温室气体排放和其他相关环境影响、投入产出分析计量了农业生产上游工业投入品生产（upsream，off-farm）间接温室气体排放、结构路径分析将从农业生产直到废弃物处理全过程分成四个层次，以分清农业减排的主要行动次序，从而较为全面的对农业整个生产过程温室气体排放进行了核算，并进行了水果、蔬菜、畜牧产品能源需求（含电、化肥、农药、杀虫剂、外购种子和饲料）以及澳大利亚不同区域农业生产能源需求的结构比较。研究结果表明，有机农业在水资源使用和用工方面显著高于传统集约农业，然而在其他所有方面（如能源利用、温室气体排放等）的间接贡献明显优于传统集约农业，从而提出了在考虑不同耕作方式环境可持续性时必须要计入间接影响（多发生在农业生产上游 off-farm）的观点。

FAO（2008）研究表明，有机农业能源消耗约为传统集约农业的一半，有机农业中 70％CO_2 来自能源消耗和农机；传统集约农业中 75％CO_2 来自化肥、饲料及燃料。一些研究在肯定了有机农业兼具减排和适应双重作用的同时，对有机农业减排机理进行了系统研究（IFOAM，2004；Khanal R. C.，2009；Scialabba N. E.，et al，2010），有机农业通过自身养分循环（有机肥、豆科、多样化轮作）、禁止化学肥料和杀虫剂、较少能源密集饲料使用从而降低 CO_2 排放；通过禁用化肥和永久植被覆盖降低 N_2O 排放；但由于有机农业反刍牲畜饲养比例高但产出水平低，可能导致较传统集约饲养 CH_4 排放略高。Badgley C.，et al（2006）比较了有机生产和非有机生产全球食品供给量及豆科作为氮素来源的供氮潜力，研究表明，有机农业在不增加土地需求及目前人

---

① 该方法在农业源温室气体排放核算方面的应用详见第5章。

口数量不变的情况下能提供足够的食物供给；豆科及覆盖作物作为氮素来源可以替代目前化学肥料用量。从而得出有机农业可以供给全球食品及降低传统集约农业对环境负外部性的结论。

一些研究将视角放在整个食品供应链，研究农业生产、农产品加工、仓储、运输、烹饪全过程直接能源需求和温室气体排放，农业生产能源消费占整个食品产业链的 20%～50%（表 1.8）。

表 1.8　农业产业链不同阶段能源直接需求比例文献整理

单位：%

	农业生产 Agriculture	加工 Processing	配送 Distribution	烹饪 Preparation	参考文献 References
非洲	21	8	3	69	Parikh J. K. & Syed S. （1986）
拉丁美洲	42	18	5	36	Parikh J. K. & Syed S. （1986）
中东	50	6	3	41	Parikh J. K. & Syed S. （1986）
远东	30	13	3	55	Parikh J. K. & Syed S. （1986）
美国	24	27	23	25	Steinhart J. K. （1974）
美国	24	39	—	37	Cambel A. B. ，et al （1976）
美国	22	36	10	32	Fluck R. C. ，et al （1980）
美国	31	14	24	31	OECD （1982）
澳大利亚	25	21	17	38d	Watt M. （1979）
澳大利亚	29	26	10	35	OECD （1982）
英国	21	31	12	35	OECD （1982）
加拿大	18	32	20	30	OECD （1982）
英国	38	27	8	27	Leach G. （1976）
OECD	29	29	18	24	OECD （1982）

资料来源：作者根据相关文献整理。

1.2.3　农业减排技术路径和减排措施经济分析研究

农业减排技术路径决定了发展低碳农业的技术可行性，减排成本收益及相应减排潜力则决定了发展低碳农业的经济可行性，围绕农业减排技术和相关经济分析形成了大量研究成果。

初步汇总文献农业减排技术路径包括种植实践、养分管理、废弃物管理、水资源与土壤管理、放牧管理、畜牧业管理 6 大类 36 小类[①]（Ball B. C. ，et

---

① 详细的农业减排技术措施汇总及释义详见第 3 章适用性低碳农业技术的筛选分析。

al，2008；Bates J.，2001；Godwin R. J.，et al，2003；IGER，2006；King J. A.，et al，2004；Moorby J.，et al，2007；Moxey A.，2008；NERA，2007；O'Hara P.，et al，2003；US-EPA，2006；Smith P.，et al，2007a，b，2008；Weiske A.，2005，2007；Keller M.，et al，2006）。其中引用转载率较高的有以下两篇经典文献。

Smith P.，et al（2008）集合了各国农业源温室气体减排最著名的 20 位学者和研究团队（含中国科学院南京土壤研究所蔡祖聪为首的农业源温室气体研究团队），得到了农业源温室气体 6 大类 20 小类减排措施，包括通过耕地管理（含旱地和水田）减排 N_2O、CH_4、CO_2；通过畜牧业（含喂养实践和粪便管理）减排 N_2O、CH_4；发挥农业碳汇潜力（含牧场草场管理和退化耕地土壤有机质管理）以及发展生物质能源（含能源作物和固体液体粪便及其他农林废弃物），并根据各国农业生产系统实地和长期田间实验和监测，对各项措施减排潜力进行了详细评价，成为农业源温室气体减排技术路径选择方面重要的基础性文献。

Macleod M.，et al（2009）以英国种植业和农田土壤减排为研究对象，不仅对减排技术进行了系统汇总，且通过专家评估和边际减排成本曲线（MACC）对特定减排措施的技术可行性、成本有效性、减排潜力进行了评价和测算，从而筛选出具有技术和经济可行性的减排技术路径，成为综合技术筛选和经济分析的跨学科研究的经典文献。其具体做法为：第一步，根据文献列出所有减排措施→12 位专家构成的专家组检查是否有遗漏→4 位专家（2 位土壤、1 位谷物、1 位农业系统模型）对每种措施的技术可行性进行筛选→专家组将筛选出的技术上可行的措施确定可实施的面积→确定技术上可行、减排潜力相对较大的措施列表和说明。第二步，利用农户模型，在利润最大化和各种约束条件下，计算机模拟 2009—2022 年减排成本有效性（减排成本除以减排速率）和减排潜力。其中：价格和各投入成本通过一手数据及线性趋势预测，各种减排措施成本通过专家估算。第三步，计算减排措施之间的相互影响系数。第四步，绘制纵轴为边际成本有效性、横轴为各种措施平均减排量的边际减排曲线，选出减排成本较低的措施。

从减排技术研究过渡到经济分析中，不少研究就估算农业减排成本的挑战进行了定性分析。Beach R. H.，et al（2008）提出估算农业减排成本的五大挑战：①农业活动排放多种温室气体，具有很多不确定性和复杂的相互联系；②区域气候、土壤、管理方式不同，决定了区域特定的减排成本；③存在大量的减排措施，针对同一种温室气体的减排措施也是相互影响的，甚至减排了该种温室气体，同时导致另一种温室气体排放的增加；④如何估计实施减排措施后是否达到了预期水平；⑤减排的附带成本和额外收益的估算。Smith P.，et al（2007）指出农业减排存在持久性、额外性、不确定性和泄露性四大实施障碍，进一步分析了农业小规模农户、分散、非点源污染的自然属性给农业减排交易成本和测量、监测成本估算带来的困难。

农业减排问题定量经济分析多数依靠边际减排成本曲线（Marginal Abatement Cost Curves，MACCs）。边际减排成本曲线描述了不同减排措施成本有效性（减排单位温室气体所多投入的成本）和减排潜力（减排量）之间的关系（图 1.1）。曲线从左到右表明随着减排量的增加，减排技术措施的成本有效性下降（即：减排单位温室气体成本上升）。不同的减排措施对应曲线不同位置，因此，一些措施可能以较低成本降低排放量（A），另一些措施可能带来更多减排量，但同时也对应更高的减排成本（B）。边际减排成本曲线能清楚识别具有成本有效性的减排措施（通常是碳影子价格以下），而碳影子价格（或称门槛价格）可以用于农业碳减排补贴或减排量交易。边际减排成本曲线绘制需要减排技术选取、减排成本估算、减排潜力评价（一般涉及减排速率估算和实施面积），其中减排成本估算是重点和难点，常用的方法包括自上而下分析，采用一般均衡模型将减排量作为外生变量提供全国或全球尺度的总减排成本；或自下而上分析，基于农户调查数据采用线性规划模型提供区域尺度的减排成本。IGER（2001）和 ECCP（2001）分别应用 MACC 对全球和区域尺度主要农业源温室气体减排成本有效性和减排潜力进行了估算；Macleod M.，et al（2010）应用 MACC 估算了英国种植业和土壤各项减排措施的边际减排成本；Minihan E. S.（2011）应用 MACC 估算了爱尔兰畜牧业各项减排措施的边际减排成本。

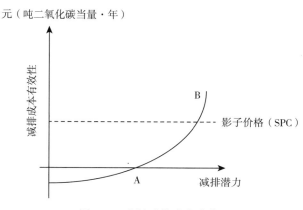

图 1.1　边际减排成本曲线

Pathak H. 和 Wassmann R.（2007a，b）对水稻种植不同技术组合排放核算方法及成本—收益进行了系统研究。在排放核算方法方面，发展了农业部门温室气体排放技术参数（Techno GAS），建立了水稻生命周期直接与间接排放的投入产出关系，应用该方法对印度北部 Haryana 不同区域稻麦轮作系统农户采用的 20 种水稻种植不同技术组合的排放情况进行了核算。研究结果表明，最大排放源为稻田土壤排放，其次依次为秸秆燃烧、禽畜粪便、农机、间接排放（off-farm）和化肥；不同技术组合存在很大的排放差异，相比于排放量最高的技术组合模式（淹水灌溉＋化肥＋秸秆燃烧），13 种技术组合模式具有减排潜力，但同时也降低了农户净收入；从单项减排潜力来看，秸秆饲用、灌溉模式、有机肥利用依次具有较大减排潜力。在不同减排技术组合成本—收益分析方面，以 Ilocos Norte province（菲律宾）、浙江省浦江县（中国）、Haryana state（印度）为研究案例，以"淹水灌溉＋化肥＋秸秆燃烧"为基准模式，应用边际减排成本曲线（MACCs）筛选出上述不同区域具有成本有效性的减排措施。该研究强调在农业源温室气体排放核算和经济分析中，特别需要注意不同区域土壤/气候条件及经济社会发展水平，即空间异质性的影响，因此，数据来源应采用村和农户层面数据。此外，还强调不同减排技术涉及的成本和价格都是动态的，因此，边际减排成本曲线更适合短期减排技术成本有效性评价，长期需考虑新技术投资以及结构变化所带来的额外成本和收益。

1.2.4 农业减排和适应气候变化协同机制研究

鉴于农业与气候变化具有很强耦合关系，减排和适应及其两者协同已经成为气候变化文献中的主流词汇（Cohen S.，et al，1998）。IPCC（2001）给出了减排和适应的概念界定，减排是指"通过人类干预降低温室气体排放和增加碳吸收汇的过程和机制"；适应是指"为最大程度降低自然系统的损害或最大程度利用自然系统收益机会而对实际或预期的气候刺激的反应"。

Swart R 和 Raes F.（2001），Klein R. J. T.，et al（2005）对减排和适应的区别进行了阐释：一是体现在两者时空有效性不同。减排措施一般要在几十年后才或显现，更强调全球尺度；许多适应性措施/行为降低气候变化的脆弱性导致产量和收益变化短/中期可见，更强调区域/农户尺度。二是收益度量难易程度不同。减排量可用二氧化碳当量表示，用碳交易价格体现货币价值，并通过边际成本曲线比较减排措施间的成本有效性（Moomaw W. R.，et al，2001）；而适应措施/行为的收益很难用单一计量单位表示，这也阻碍了不同适应措施间的比较，适应措施收益一般可用采用适应措施可能减少的损失间接表示（Fankhauser S.，1998）。三是两者涉及的部门和政策类型不同。减排主要涉及能源、交通、工业部门，此外，由于农业碳源碳汇双重属性在减排中也占有重要地位，且有相关国际公约约束和碳交易等环境政策激励；适应涉及的潜在受气候变化影响的部门和领域更多，包括农业、旅游、人类健康、水资源供给、城市规划和自然保护等，关于适应没有强制规定，多数在国家可持续发展政策或应对气候变化国家行动方案中体现。

目前农业适应气候变化的主要措施主要涉及农学技术，英文中常表述为"crop management"，包括育种、调整播期/移栽期/播种期、调整轮作或间套作方式、种植区域和布局调整、应变栽培技术、加强农业基础设施建设等（Rosenzweig C.，et al，2007）。研究方法方面，基于农户效用函数的计量经济学研究范式被广泛应用于农户适应性行为决策分析中，一般是首先尽可能收集影响农户种植决策的各种调查数据或统计数据，主要包括人口的、经济的、自然的、社会的、气候等影响因子，然后分析主要影响因子，最后建立作物选择模型（Logistics 二元或多元回归模型等），以利润最大化或效用最大化为目标进行作物选择。农业减排的主要措施英文表述常用"best practice management"，具体措施和研究方法见 1.2.3。在农业减排和适应气候变化协同中，Parry M.，et al（1998）指出，农业对气候变化最为敏感，受影响最大，但农业生物对环境变化有很强适应能力，充分利用适应能力的成本明显低于减排增汇，应对气候变化农业对策，适应具有更加重要的地位。联合国粮农组织《可持续发展报告》（2006）和 Scialabba N.，et al（2009）也认为，尤其是发展中国家，适应气候变化应优于减排，提出适应性措施最重要的是农户应尽可能利用自身资源以建立应对气候变化的弹性。具体包括三方面：一是针对土壤和水资源保护（多样化轮作和作物覆盖、轮作豆科和有机肥还田补充土壤有机质、尽可能不燃烧废弃物、禁止过度放牧、生态集水和水资源循环利用）；二是针对生物与景观多样性（保护本地动/植物基因资源及其赖以生存的微生物环境、授粉物种和虫害的天敌、多样化轮作和播种期干扰破坏病虫害生命周期、农林结合和种养结合及间作套作轮作、保持土地永久植被覆盖）；三是强调利用地方知识（local knowledge）→保护地方资源（local resource）→形成地方适应性（local adaptation），特别强调农民合作组织在保护本地耕作知识和技能形成"reservoir of adaptation"方面的重要作用。

Francesco N.，et al（2009）认为碳金融为适应和减排提供了资金来源，尤其是帮助发展中国家和贫困地区农户降低其对环境和经济脆弱性，增强农业生产系统弹性，同时贡献减排。主要介绍了《联合国气候变化框架公约》（UNFCCC）提出的三种交易方式、碳交易市场及各种碳基金的基本运作方式。UNFCCC 交易方式主要包括国际排放贸易（IET，发达国家之间）、联合履行（JI，发达国家之间）、清洁发展机制（CDM，发达与发展中国家之间）。碳交易市场主要包括英国碳排放交易体系（UK ETS）、澳大利亚新南威尔士温室气体减排体系（NSW/ACT）、美国芝加哥气候交易所（CCX）与气候期货交易所（CCFX）和欧盟排放交易体系（EU ETS）。碳基金包括特殊气候变化基金（SCCF，给予发展中国家提高适应性工程建设）、世界银行社区发展碳基金（CDCF）和生物多样性碳基金（BioCF）（特别针对发展中国家农业温室气体减排投入）。

1.2.5 农业源温室气体减排政策设计研究

温室气体排放及减排的经济学本质是外部性问题。相对于工业减排可根据一般环境经济学解决外部性的两大方法：即财税手段和碳权交易手段（沈满洪，2011），农业非点源的自然属性及高度不确定性给农业减排政策工具设计和政策效果分析提出了严峻挑战（Steele S. R.，2009）。

Smith P.，et al（2006）对农业温室气体减排政策和技术限制进行了研究。首先，对全球不同区域五大农业排放源（土壤、反刍动物肠道发酵、水稻种植、畜禽粪便、生物废弃物燃烧）的分布及其原因进行了分析，并预测了2020年各地区各农业源温室气体变化趋势。其次，提出农业源温室气体减排的三大制约：生化技术制约、经济制约、社会/政治制约。再次，重点对各国现有的气候政策、非气候政策（宏观经济政策、其他环境政策）进行了汇总并定性分析了各种政策对 N_2O、CH_4、CO_2 排放的影响，进一步对 18 种代表性的农业温室气体减排措施的可持续发展效果进行了定性评估。最后，提出低碳农业发展的关键是环境友好型种养殖技术的研究、传播和扩散，政府应是这些技术的主要投资者并对采用相关技术和管理方式的农户给予补贴。

Paustian K.，et al（2004）指出农业源温室气体减排政策设计的基础性工作包括：如何构建农业源温室气体核算体系、如何测量和监测、如何确定减排固碳速率和持久性、如何设计与农户签定的合同；提出三种政策设计方向：一是直接参与农业源温室气体减排国际公约；二是设计国内农业源温室气体减排固碳激励政策；三是建立国内自愿减排交易市场。Blandford D 和 Josling T.（2009）提出农业源温室气体减排六大政策工具：①生产过程标准化；②刺激最好的耕作方式和管理方式；③补贴农业减排固碳的行为或产品；④碳税；⑤限额和贸易；⑥研发和扩散。

Pretty J.，et al（2001）将农业源温室气体减排政策工具概括为三大类：向农户推荐和推广减排技术；规制和立法措施；经济措施（表 1.9）。在此基础上详细论述了兼具激励碳汇和抑制碳源的三大政策工具：一是碳税，通过碳税可以实现"双重红利"，一方面达到环境质量改善提供"绿色红利"，另一方面通过税收收入返还用于农业减排固碳技术研发和推广，间接促进社会福利增加，由此带来"蓝色红利"。目前针对农业的碳税很少，主要是丹麦、芬兰、瑞士以及美国的一些州实行了农药税、澳大利亚和芬兰的化肥税、法国和瑞士征收的氧化亚氮税（Rayment M.，et al，1998；DETR，1999）。二是补贴，目前只有比利时有专门的农业减排政策和直接补贴，其他多数国家或地区农业减排补贴多在农业环境政策、气候政策、能源政策中间接体现（Smith P.，et al，2005）。三是自愿参与机制，包括政府向农户推荐农业减排固碳技术体系，并通过农业技术推广和指导激励农户自愿采纳；也包括政府搭建碳交易平台促进农业部门与非农部门的碳权交易。

表 1.9 农业减排固碳政策工具（农业减排固碳正/负外部性内部化）**一览表**

政策工具、手段	激励固碳正外部性	抑制减排负外部性
建 议 （Advisory）		
推荐耕作技术或管理措施	推荐固碳技术或管理措施	鼓励农户自愿采用减排技术或措施
农技推广体系	将专家和农户联系在一起，鼓励技术传播	推荐减排技术并对实践进行指导
过程参与与农户组织	农户组织化，提高固碳实践经验分享能力	农户组织化，提高减排实践经验分享能力
碳认证	鼓励固碳及可再生能源的开发利用	鼓励农业产业链全程低碳化
规 制 （Regulatory）		
规定和立法	规制一般不用于激励正外部性	广泛使用（如强制规定化肥使用标准、每单位食品加工农业消耗标准、禁止秸秆燃烧等）
经 济 （Economic）		
碳税	环境税一般不用于激励正外部性	农药税、化肥税、粪污税等
补贴	补贴农户提供固碳及其附属的公共产品	补贴传统技术向减排技术转变成本
信贷	对固碳等正外部性优惠贷款	对减排设备购置等优惠贷款
配额	配额一般不用于激励正外部性	排放权配额交易

资料来源：Pretty J.，et al，（2001），作者翻译。

Schneider U. A.（2000）博士论文应用可计算一般均衡模型（CGE Model）对耕作方式导致的碳排放征税和补贴的福利成本进行考量，应用情景预测的方法对农业与非农业部门碳排放贸易不同交易价格对减排量的影响进行测算，研究结果表明，通过农业碳贸易及碳税和补贴的科学设计，可以达到减排农业源温室气体的作用；农户福利大幅度上升而消费者福利由于农产品价格上涨而下降，但并没有考虑监测/核查成本以及交易费用。

1.3 我国低碳农业研究文献综述

本部分基于前文中文文献检索结果，按逻辑顺序对国内低碳农业问题比较聚焦的研究主题的相关文献进行综述。

1.3.1 农业源温室气体减排自然科学领域研究

与国外研究基点相同，我国农田生态、养分管理、土壤肥料、作物、畜牧等农学及生态学专家侧重研究农业源温室气体减排机理和减排效果。张耀民等（1993）对农业排放源甲烷排放量进行了估算；张大芳（1993）研究了作物秸秆燃烧甲烷和氧化亚氮排放量；董红敏等（2006）针对反刍牲畜肠道发酵和粪便甲烷排放进行了研究。以中国科学院南京土壤研究所蔡祖聪为首的农业源温室气体研究团队基于近 20 年农业生产系统实地和长期监测和实验，发表了百余篇关于农田（含旱地和稻田）甲烷和氧化亚氮排放的基础科学文章。中国农业大学资源与环境学院张福锁和张卫峰与英国洛桑实验室在"优化氮肥管理，发展低碳经济"方面开展合作研究，其优化化肥产业的政策建议在《科学时报》2010 年第 4 886 期头条报道，成为农田养分管理（主要是氮素管理）引用转载较高的文献。中国农科院董红敏和李玉娥为首的研究团队主要承担我国农业活动温室气体排放清单编制工作，其中两人于 2008 年发表的《中国农业源温室气体排放与减排技术对策》一文，总结了减少动物肠道发酵甲烷排放、减少稻田甲烷排放、减少畜禽粪便甲烷排放和减少农田氧化亚氮排放 4 大项 12 子项减排技术措施，成为跨学科引用率最高的文献。邹晓霞等（2011）主要从农业生产活动、农村生活和生物质能源利用三方面分析中国农业领域温室气体主要减排措施。这些基础研究积累的实验数据和减排技术成为低碳农业发展路径和模式选择以及成本收益估算的重要支撑。

1.3.2 低碳农业内涵相关研究

概括起来，目前国内学者对于低碳农业内涵相关研究主要集中在三个方面，一是概念界定；二是基本特征表述；三是需注意的问题。

从低碳农业概念界定来看，大体可分成三类，一是生产结果导向型界定；二是生产过程导向型界定；三是两者兼顾型界定（表1.10）。

一些研究尝试对低碳农业基本特征作了系统阐述。赵其国和钱海燕（2009）指出低碳农业的核心即低碳农业技术，其具有以下特征：首先，它是低能耗、低排放、低污染的"三低"技术；其次，它是尽可能节约各种能源、资源、人力、物力、财力投入的节约型技术；第三，它是将农业生产全过程可能对社会

表 1.10　低碳农业概念界定文献研究汇总表

分　类	代表作者	核　心　表　述
生产结果 导向型	李晓燕等	低消耗、低排放、低污染、高碳汇
	赵其国等	低物耗、低能耗、低排放、低污染、高效率、高效益
	梁　龙等	低投、高产、低碳、生态
	高尚宾	"三低"农业（低能耗、低污染、低排放）、"三型"农业（资源节约型、效益优先型、安全生产型）、"五大危害"替代农业（环境污染危害、农产品安全危害、生物多样性危害、能源制约危害、农业不可持续发展危害）
	严立冬等	有利于环境保护、有利于农产品数量和质量安全
生产过程 导向型	王　昀	农业产前、产中、产后全过程温室气体减排
	许广月	农产品从"田间到餐桌"的低碳化生产过程
	翁伯琦	农业生产和经营中排放最少的温室气体，同时获得最大收益
	王耀兴等	在种植、运输、加工等过程中电力、石油、煤气等能源使用都在增加的情况下，注重农业整体能耗和排放的降低
	梁　龙等	农业低碳化不仅指生产环节，还包括种植、运输、加工、废物处理等多个环节；碳排放也不只有 CO_2，还应包括 CH_4 和 N_2O 等温室气体
两者兼 顾型	农业部	低碳农业是以农业减排为目标，以适应气候变化和减排固碳技术为手段，通过提高土壤有机质、加强农田水利等基础设施建设、产业结构调整、发展农村可再生生物质能源等农业生产和农民生活方式转变，实现低能耗、低排放、高碳汇、高效率的现代农业

资料来源：作者整理，详细来源见参考文献。

带来的不良影响降到最低限度的安全型技术。翁伯琦（2009）概括了低碳农业五大特征：一是低耗性。最大限度地利用农业系统内部资源，提高农业生产投入产出比。二是持续性。向低碳农业转型并不意味着生产停滞或产出剧烈下降，而是要求农业可持续发展。三是高优性。低碳农业既要生产安全优质农品，又要保护农业生态环境，实现生产生态双安全。四是协调性。低碳农业运行与发展涉及多领域协调，尤其是生产与生态的协调。五是系统性。发展低碳农业，要统筹考虑技术、组织、制度等多方面。梁龙等（2010）认为低碳农业具有以下特征：第一，它是一个低耗能、低排放、低污染、高碳汇、高中和的"三低两高"技术集成系统；第二，它是涉及原料开采、农业投入品生产，到农业生产，直至产品消费和废弃物处置的全生命周期过程；第三，它是一个将农业生产全过程可能的不良影响降到最低限度的安全型系统；第四，它是一个

农业生态系统光温水土资源利用最大化和外源性化学品输入最优化的开放性系统。

　　一些研究将低碳农业发展置于农村经济发展、农民民生改善、农业经营现代化的背景下，针对粮食安全在我国的战略地位，指出我国低碳农业发展需注意的问题。章家恩[①]强调，我国低碳现代农业发展方向应是科学与适度的低碳化，不能因为低碳而放弃必要的产量与效益；低碳农业不是"拒碳农业"，不能拒绝化肥农药和农机等的合理投入。胡新良（2010）指出，目前对低碳农业存在片面理解：一是认为低碳农业是单纯的低投入农业；二是认为低碳农业是单纯的碳减排农业。为此，提出低投入不是不投入，应讲求适度化；减排不是不发展，应讲求低碳农业产业化，产业开发低碳化。李明贤（2010）指出，虽然学术界都认识到了现代石油农业的危害，提倡生态农业、循环农业、低碳农业等发展模式，但目前仅表现为个别地区的试验示范，难以全面推广，主要在于低碳农业技术面临着技术锁定，从而造成低碳农业替代技术难以被采用。技术锁定具体表现在：替代技术遭遇农业边缘化和农业组织形式的限制以及受人地矛盾的制约。潘根兴等（2011）强调农业上需要的是"增产减排或至少是稳产减排技术"，低碳农业需创新农业减排技术和低碳农业体系，达到在适应和应对气候变化上的减排，即减排和适应的协同。

　　综上所述，上述研究可概括为：低碳农业的核心特征即"低耗能、低污染、低排放、高碳汇"，目标是实现农业生产和生态环境可持续发展，实现途径是技术创新与推广，且低碳并不是目的，而只是手段，重要的是实现农业经济的低碳高增长。上述内涵也存在不足之处：第一，对低碳农业含义未作具体深入的阐释且存在两个倾向，一是扩大化倾向，将低碳农业等同于可持续农业，二是缩小化倾向，将低碳农业等同于农业减排。第二，脱离低碳经济孤立地谈低碳农业，低碳经济的核心思想和指标，如低碳生产力、低碳化、碳经济强度等均未考虑。第三，与生态农业、循环农业等发展模式边界界定模糊。总体来说，低碳农业目前属应景式研究阶段，理论方面急需对低碳农业内涵进行系统阐释、对核心要素和衡量指标进行选取、对其与相关发展模式异同进行比较。

1.3.3　农业生产碳排放及影响因素分解研究

　　如何实现农业低碳化发展需要对不同区域农业系统温室气体排放来源、结构特征进行精确核算和深度分析（冉光和等，2011），这是制定有针对性的低碳现代农业发展模式的前提和基础。因此，基于农业生产过程碳排放计量及碳

---

①　王卉. 中国农业不能盲目低碳化. 科学时报，2010－08－25.

排放影响因素分解，提出低碳农业发展政策建议已成为低碳农业问题广泛采用的分析范式。

从农业生产过程碳排放计量来看，目前主要集中在水稻、畜禽、秸秆焚烧等按照 IPCC 指南的分类和相关文献提供的排放系数计算直接碳排放（漆雁斌等，2010；Dyer J. A.，et al，2010）。数据来源包括《中国能源统计年鉴》（农业能源消费量）、《中国农村统计年鉴》（农药、化肥、农膜以及农业灌溉和播种面积）、《中国统计年鉴》（农业人口和产值）。

李波等（2011）从化肥、农药、农膜生产和使用过程所导致的直接和间接碳排放、农业机械消耗农用柴油所产生的碳排放、农田翻耕导致的土壤有机碳流失的碳排放、灌溉过程电能利用间接消耗化石能源所形成的碳排放 6 个方面，对我国 31 个省份 1993—2008 年农业碳排放进行了测算，由此揭示了我国农业碳排放的时空分布特征。研究结果将我国农业碳排放划分为农业温室气体排放快速增长期、缓慢增长期、增速反弹期、增速放缓期四个阶段；农业大省是碳排放总量较高地区，而中部农业大省、东部沿海发达省份、发达城市则是碳排放强度（每亩碳排放量）主要集中地区。

杨钧（2012）主要核算了 1996—2009 年中国 27 个省级地区农业生产能源消耗和生产投入导致的碳排放量，并分析了农业碳排放的地区差异。结果表明，沿海地区省份碳排放量呈现两极分化，河北、山东、江苏、广东等省份碳排放量位居前列，北京、天津、上海等地区则相反；西部省份碳排放量整体处于中等偏下水平；而中部省份碳排放量大部分处于全国中等偏上水平。

黄祖辉、米松华（2011）采用分层投入产出—生命周期评价法，构建五个层级（农业投入品、农用能源、水稻种植、反刍牲畜肠道发酵、粪便和秸秆两类农业废弃物）对农业系统碳足迹进行量化。研究表明：农业种养殖活动本身排放的温室气体所占比重不大；农用能源直接和间接碳排放、工业投入品全生命周期碳排放、农业废弃物最终处置是农业源温室气体最重要的三大类来源；其中以氮肥生产、运输、施用过程中引致的碳排放在整个农业生产系统碳排放中所占比重最大。

从农业碳排放影响因素分解方式来看，主要是应用回归分析、Kaya 恒等式变形、LMDI 分解方法等对农业碳排放影响因素进行分解研究。

漆雁斌、陈卫洪（2010）把农业总产值作为被解释变量，把与农业碳排放相关因素（化肥施用量、机械总动力、农作物播种面积）作为解释变量进行多元回归分析，发现化肥施用量对农业产值影响最大，说明化肥施用是制约我国低碳农业发展的重要因素。

姚延婷、陈万明（2010）将农业总产值作为初始序列，化肥施用量、农村用电量、农用柴油使用量、农业机械总动力、有效灌溉面积作为比较序列，利用灰色关联度分析法计算农业总产值与 6 大影响因子的关联度并确定主要影响因子。研究结果表明，对农业总产值影响最大的因素为农村用电量，其他影响因素依次为农业机械总动力、农用柴油量、化肥施用量，有效灌溉面积对农业生产总值影响最小，认为上述因素也是影响农业生产温室气体排放的主要来源。

李国志等（2011）对 1981—2008 年中国农业能源消费导致的二氧化碳排放量进行了估算，并应用环境库兹涅茨模型（EKC）检验农业经济增长和碳排放之间是否存在倒"U"形特征以及运用 Kaya 因素分解法分析农业碳排放变化过程中各因素影响程度。研究结果表明，农业经济增长与农业碳排放关系曲线呈现"N"形趋势，即农业碳排放随着农业经济增长先上升，然后保持一定水平，而后又上升的变化趋势，从而得出我国农业碳排放具有波动性，同时与农业经济增长具有不协调性（即农业经济增长并不会自发导致农业碳排放的增加或减少）的结论；通过因素分解得出农业能源结构（由能源排放系数表示）对碳排放的总体影响并不明显、农业生产技术进步（由能源强度表示）极大减缓了碳排放、农业经济的快速增长（由农业人均 GDP 表示）极大加剧了碳排放、农业人口规模对碳排放影响不明显的结论。

李波等（2011）应用修正的 Kaya 碳排放恒等式对影响农业碳排放的因素进行了分解，结果表明，农业碳减排效果从大到小依次为劳动力规模因素（由农业劳动力数表示）、农业结构因素（由单位农林牧渔总产值中种植业产值比重表示）、农业生产效率因素（由单位农林牧渔业总产值的碳排放量表示）、农业经济增长（由人均农林牧渔业总产值表示）是农业碳排放增加最重要的因素。

1.3.4 低碳农业必要性和制约因素研究

明确我国发展低碳农业的必要性、基础和制约因素，即选择低碳农业发展模式和政策与机制设计是又一基础性问题。

从研究视角来看，现代农业的弊端以及低碳农业与食品安全的关系，成为多数学者研究我国发展低碳农业必要性的两大切入点。

以现代农业弊端以及低碳农业与现代农业关系研究我国发展低碳农业的必要性，温铁军（2010）提出长期以来过分强调产业化的农业现代化发展模式，现代化种植和规模化养殖已带来空气、土壤、水体立体交叉污染和食品不安全等严重的负外部性问题，基于环境安全、食品安全、能源安全建立农业环境政策、发挥传统农业生态服务功能将是我国现代农业的发展方向。翁志辉等（2009）、贺顺奎（2010）、季学生等（2010）在各自研究中明确提出发展低碳型现代农业是农业现代化的必然选择。张国平（2010）提出应在现代农业中增加"低碳化"发展方向的表述，同时指出我国已有的生态农业模式发展较早，建立以低碳为目标的适合中国国情的低碳生态农业发展模式是发展低碳农业的捷径。赵其国（2010）指出低碳农业发展方向对应低碳生态高值农业模式，这种全新的低碳型现代农业发展模式所带动的是以低能耗、低排放、低污染为基础的绿色农业经济，将农业现代化建立在低碳经济发展模式之上，是我国现代农业发展方式的重大创新。

以低碳农业与农产品安全的关系研究我国发展低碳农业的必要性，李启平（2010）提出，现代农业保障粮食安全的"三大法宝"（化肥、农药、转基因种子）虽有助于提高农产品数量安全，但却无法从源头上保证农产品质量安全，进一步发展的结果是对农产品长期稳定增长构成威胁；在此基础上构建了低碳农业保障农产品安全机理图，发展低碳农业通过土壤保护提高生态系统生产力保障农产品数量安全；通过能源保护减少直接或间接化石燃料输入保障农产品质量安全。胡新良（2010，2011）也对低碳农业与农产品质量安全关系机理进行了探讨，首先，分析了现代"高碳"农业造成的土壤、水体、大气污染对农产品数量和质量安全的影响；其次，从经济增长方式、环境治理方式、技术运用、发展目标、生产特征、产品特征对现代"高碳"和"低碳"农产品生产模式进行了比较；最后，提出农产品质量安全为推进低碳农业发展提供了压力和动力、原则和要求、着力点和突破口以及绩效评估的依据。施正屏和林玉娟（2010）以 1978—2007 年为研究期间，采用农业政策评估模型对华北、东北、华东、中南、西南、西北 6 大地区施用有机肥这种低碳农业生产方式是否危及农产品（粮食作物、饲料作物和畜牧业产品）数量安全进行预测。政策模型模拟结果显示，推行施用有机肥发展低碳农业，可能使产量减少并造成农产品价格上涨，上涨幅度在 2%～7%；如对因低碳农业导致减产部分采用饲料粮进口替代，不但可以发展低碳农业，减少农业和农村污染，而且可以维持国内物价稳定，最终兼顾粮食安全目标，从而通过实证分析证明在全球气候变化的影响下，发展低碳农业能兼顾农产品数量和质量安全。

从中国农业实际情况来看，虽然各地已经开展了低碳农业实践以及农业环境政策、宏观经济政策、可持续发展政策都直接或间接起到减排作用，但向低碳化转型仍存在诸多障碍制约，这也成为学者们的研究热点之一。概括起来，我国发展低碳农业的主要制约障碍来自于：

1. 技术壁垒

多数文献认为低碳农业理论基础和技术体系不完备是我国低碳农业发展主要制约因素之一（胡习斌，2009；李建波，2011，2012；郭辉和张术环，2011；潘根兴等，2011）；李明贤（2011）认为长期规模化发展的"石油农业"形成的路径依赖，导致低碳农业技术难以被广泛采用；邓水兰和温治忠（2011）指出目前农民更多地依赖外出打工和兼业经营来获取收入，农村老弱劳动力不愿也无力对农业投入更多的精力和时间，因而那些简单省时省力且习惯的"高碳"耕作措施更易被采用，使低碳农业技术（尤其是涉及增加劳动投入和强度）的采纳和推广受到限制。

2. 现有发展方向（式）与农户习性固化交织

胡习斌（2009）指出小农分布的特点使得一家农户或基地实行低碳农业模式周围耕地仍采用石油农业，低碳农业模式的土壤、水体、空气仍会受到污染，制约了规模化低碳农业的发展。温铁军（2010）指出国家对氮肥生产和流通环节的补贴政策直接造成我国氮肥生产能力过剩和低效利用，并提出发展低碳农业等环境友好型现代农业的最大难点是如何最低成本地调整现有的利益格局，即如何弱化原有与农业产业化利益相关集团的阻力。蒋高明和郑延海（2008）、余东等（2009）指出低碳农业的出路在于生态循环，而目前农业内部结构以及农业产业链各环节中，都存在与低碳农业发展理念不相符的方面，如种植业内部的粮饲不分、畜牧业内部的以养猪业为主的耗粮型牧业结构、传统种养结合农作制度未得到继承和优化，直接造成有机肥来源不足和农业内部资源未得到充分利用。张国平（2010）指出现代农业大力推进的设施栽培碳排放严重，表现在化肥投入量大利用率低、严重 CO_2 亏缺限制碳汇作用、土壤退化严重。李晓燕（2009）指出土地流转的低效益与土地社保功能，造成大量耕地撂荒，而承租户为了短期利益最大限度攫取土地肥力都直接与农业减排固碳相矛盾。

3. 资金缺位

潘志华和郑大玮（2010）指出低碳农业资金需求主要包括：研发低碳农业技术的投入、对低碳农业技术进行生态补偿的投入，相关基础设施的投入以及交易费用的支出。胡习斌（2009）指出目前我国大规模低碳农业技术示范项目主要依靠政府临时性拨款和政府贷款或国际机构的捐款和贷款，没有形成稳定的政策性低碳农业投入机制。刘泉君（2011）认为我国低碳农业发展存在融资困境，主要表现为金融机构对低碳农业技术项目支持不够，信贷放款数量极其有限，主要原因在于低碳农业发展具有资金投入成本高、资金需求大、效益周期较长的特点且具有公共产品属性，而金融支农投入是一种市场行为，对效率和效益比较敏感。

4. 缺乏有效激励机制

温铁军（2010）指出发展低碳农业等环境友好型农业最大的不利因素在于农业兼业化使农户宁愿放弃单纯农业生产收益最大化而选择大量使用化学投入品替代劳动，目前零星的农业环境政策无法激励农户的环境观念，而农户的自我约束在低碳农业发展中恰恰是最重要的。向东梅和周洪文（2007）指出现有农业环境政策未能充分发挥其激励作用，表现在一体化农户、消费者、产业利益相关者的农业环境政策缺失、现有农业环境政策普遍对农户收入和福利影响小且不能有效地帮助农户规避采用新技术的风险。

1.3.5　低碳农业发展路径和发展模式研究

关于低碳农业发展路径和模式选择的文献相对较多，总体来看，发展路径主要是从农业减排和固碳以及农村清洁能源开发利用角度提出；发展模式主要借鉴自然科学领域减排技术成果和已有的生态循环农业模式提出（表 1.11）。

表 1.11　低碳农业发展路径和发展模式文献研究汇总表

代表作者		核 心 观 点
发展路径	潘根兴	增汇优先、减排为附；生产资料减耗为主、田间减排为附；减废固碳作为最大潜力途径。
	林而达	氮肥管理、秸秆管理、畜牧粪便管理、改善耕作制度。
	赵其国	农业水土资源、生物质资源和废弃物资源生态高值化利用；农产品生态高值化生产；产后生态高值化加工。
	张宪英	第一步，科学地去石油化，建立低碳化发展农业服务体系；第二步，发展以生态农业和循环农业为代表的替代农业，提高农业科技低碳化水平；第三步，搭建农业碳汇数据库和碳减排标准体系，培育农业碳汇市场。
	李殿伟等	从政府角度，制定低碳农业发展战略，建立长效机制；从涉农企业角度，实现技术创新由效益化向生态化转型；从产业链角度，打造低碳农业产业链；从区域角度，发展低碳农业基地和示范区。
	翁志辉等	农牧渔业"节能减碳"路径、林业增加碳汇路径，建设碳减量、碳吸存、碳保留、碳替代研究团队。
	李晓燕	"企业—碳交易机构—农村专业合作组织—农户"农业碳汇交易路径和"低碳农产品生产—低碳化加工—低碳农产品品牌"低碳农业产业链路径。
发展模式	王昀	化学投入品减量模式；节地节水节能模式；"三品"基地模式；清洁可再生能源模式；农业生产废弃物再利用模式；农产品加工废弃物再利用模式；区域产业链循环模式；农业休闲观光模式。
	赵其国等	保护性耕作、节水灌溉、科学施肥、病虫草害防治、畜禽健康养殖、沼气工程、秸秆资源化利用以及农业生产分别减排 CO_2、CH_4、N_2O 等相关技术模式。
	姚延婷等	农业温室气体减排和农业固碳减排两大模式。
	许广月	减源型发展模式、增汇型发展模式、低碳乡村建设模式。

资料来源：作者整理，详细来源见参考文献。

1.3.6 低碳农业发展政策与机制设计研究

从已有文献看，尚未见低碳农业发展政策与机制设计的系统研究，主要是基于低碳农业发展制约因素在文章结尾部分以"政策建议"体现，概括起来，包括建立低碳农业发展规划、技术研发推广、金融财政支持、发展模式选择、宣传培训五个方面，尤以金融财政支持的研究最多，还有少量研究涉及低碳农业经营机制和低碳农产品消费引导。本研究主要对我国低碳农业发展技术壁垒和资金障碍两大制约的机制设计研究进行综述。

低碳农业技术机制设计研究主要集中在两方面，一是从一般技术锁定效应和技术创新理论，研究传统石油农业向低碳农业转型的技术"解锁"；二是低碳农业技术体系的构建和推广。

李明贤（2010）认为我国低碳农业替代技术的采用需要引入外生变量，才能实现对原有方向的扭转，这些外生变量包括引导低碳消费、制定低碳农业发展支持政策、创新农业生产经营组织、开展农村碳金融业务、提升粮食生产功能区低碳农业基础建设。杨玲萍和吕涛（2011）认为我国低碳农业技术的"锁定"应从"技术—制度复合体"的基本要素出发，采取末端治理或连续性方法来解锁，如：产学研结合，降低低碳技术不确定性；低碳技术信息透明化，降低信息不对称概率；加强低碳技术国际合作，降低低碳技术转移障碍。

潘根兴（2010，2011）指出农业减排技术体系构建应遵循"农业需要的是增产减排或至少是稳产减排技术"以及"农业减缓气候变化和适应气候变化协同技术"两大原则；建立社会科学、经济科学和农业科学多学科结合的研发平台，并以"散户改规模"减排潜力田野实验数据为证，提出经营机制创新和碳补偿等经济激励，以及优化运行管理机制对农户减排技术采纳的作用。赵其国（2010）提出低碳高值农业五大科技领域为，动植物种质资源与现代育种技术、资源节约型农业技术、农业生产与食品安全技术、农业现代化与智能化农业技术；并提出通过国外技术合作与技术转让推动低碳农业技术发展，以及通过建立低碳农业实践园区、示范企业、示范户促进相关技术的推广采纳。

发展低碳农业金融财政机制设计研究主要集中在三方面：一是碳金融和农村金融相互关系；二是农业碳交易市场（主要是 CDM 项目开发与运作）；三是低碳农业生态补偿（财政方面）。

碳金融与农村金融互动关系相关研究。李秀香等（2011）提出：一要建立低碳农业基金，支持农业节能减排项目的培育和发展；二要建立土地流转碳流失基金；三要开发农业与气候变化相关金融衍生产品；四要推广气候指数保险，创新更多涉农气候保险项目，并在此基础上建立财政支持的巨灾风险分散机制。张艳等（2011）认为农业具有对接碳金融市场的物质基础，能够形成低碳农业发展与碳金融良性互动，但必须形成以外部金融主体融资、合作社主导运作和管理、第三方机构审核和评估的良性机制。邹新阳（2011）提出在农村金融中引入碳金融的思路，通过减排增汇交易吸引国外资金，创新农村资金授信形式和业务类型以及农业减排增汇特色交易方式。陈文晴（2011）提出以国家财政和社会捐助为资金来源，建立支持低碳农业发展基金；引导金融资金流向低碳技术研发企业并激励金融机构向购置低碳农业生产作业设备的经营单位和农户提供低息贷款是支持低碳农业发展的有效金融途径。

农业源温室气体减排交易市场相关研究。黄山美（2011）提出形成以"碳"为基础的工业反哺农业、低碳城乡一体化格局；利用国际碳补偿项目，推动造林/再造林、可再生能源、优质农产品、废弃物综合利用等农业碳汇产业和低碳排放农业技术进步。孙芳等（2012）提出国际碳排放交易涉及农业的方法学主要包括禽畜粪便集中处理减排 CH_4、调整稻田水分管理减排 CH_4、轮作豆科提供生物固氮等 6 个。在农业参与碳交易机制中，关于清洁发展机制（CDM）研究的文献较多，张文学等（2008）以我国农业领域第一个 CDM 项目——山东民和牧业有限公司粪便沼气化处理减少温室气体排放项目为例，分析了畜牧业发展 CDM 的潜力和基本流程。高春雨等（2009）提出我国农业碳交易面临方法论局限、项目规模小整合难度大、交易成本高等三大障碍。王英姿等（2010）分析了世界农业 CDM 项目的总量、分布以及项目领域，提出中国发展农业 CDM 项目的潜力在于进一步发展畜禽业 CDM 项目以及加快生物质能领域 CDM 项目注册。

农业减排固碳生态补偿相关研究。气候变化使农业减排固碳功能成为农业生态效益补偿的依据之一，但从文献研究来看，虽有提及应实施生态补偿，发展低碳农业（赵其国，2010；刘星辰和杨振山，2012；潘根兴，2010；高尚宾，2010），但涉及资金来源、补偿项目、补偿方式、资金补贴测算方法等关键问题的补偿机制和政策设计的系统研究还未见。高尚宾（2010）介绍了瑞士、美国、欧盟采用生态补偿方式促进低碳农业发展的效果和德国低碳农业补贴项目、资助金额及所需满足的技术条件，并分析了云南大理白族自治州洱海流域低碳生态补偿试点试行的低碳农业技术的政策补偿、智力补偿方式和补偿金额，建议实施低碳农业生态补偿国家战略，促进农业发展方式转变。周其文（2009）提出我国农业生态补偿应以项目推动，秸秆综合利用生态补偿项目（采用物化和直接补偿的方式给予补贴）、畜禽粪便资源化利用生态补偿项目（对所需材料和设备费用进行补贴）、化肥和农药减施生态补偿项目（采用直接补贴方式），对低碳农业生态补偿项目选择和补偿方式有一定借鉴意义。

一些研究从经营机制的视角提出发展低碳农业的设想，共同焦点都强调了农业合作组织的重要性，潘志华和郑大玮（2010）提出扶持合作经济组织，推进土地流转和规模经营，提高农业能耗效率；张开华和陈胜涛（2012）提出建立农业合作组织碳汇开发与交易支持机制，成立低碳农业专业合作社，由合作社统一管理低碳农业项目，将农户分散的碳汇项目打包，并与第三方机构共同对农业碳汇进行监测，开发核准减排量并实现交易，商业银行可以信贷或参股方式参与合作社低碳农业项目开发，作为外部融资主体为低碳农业发展提供资金支持。此外，李皇照（2010）、胡新良（2010）、王松良等（2010）提出通过低碳消费引导，形成消费驱动低碳农业生产倒逼机制，主要建议包括发展"社区支持农业和农夫集市"提倡"就地消费和应季消费"，减少食品在长距离运输过程中的能源消耗导致的碳排放。向国成和邓明君（2010）在回顾国际标准化组织和全球 11 个国家和地区产品碳标签实践的基础上，提出农产品碳标签制度研究框架，包括农产品碳标签制度推进低碳农业发展的机理研究、认知度调查研究、农产品类别规则制定、碳足迹核算与查证标准研究、碳标签查验制度研究、农产品碳标签制度激励机制和途径研究。

1.4　国内外低碳农业研究文献评述

综观国内外文献研究，国外文献中几乎没有低碳农业这个词，相关做法已融在"环境友好型农业""可持续农业"和"亲环境农业"中，农业减缓和适应气候变化成为两个相互交织的研究主题；作为中国特色的低碳农业是从低碳经济派生出来的，这是我国期望从自身农业条件，即地少人多、小农户分散经营出发，希望通过技术和政策等协同控制方式来实现资源/能源节约投入、保障粮食安全、保护农业环境等多重目标以减少农业源温室气体排放的一种新的现代农业发展模式。

国内外低碳农业文献研究存在共性，一是都体现了农业科学等自然科学与社会科学、经济科学多学科交叉视角，基于田野实验提出的减排技术路径基本类似；二是都注重农业源温室气体减排数量结构特征核算及碳排放因素分解；三是都深入分析了农业减排固碳参与碳交易的制度设计；四是都侧重宏观层面，对微观主体的研究明显欠缺，具体体现在：偏重减排技术的研究，很少考虑对产量的影响和农户采纳难易程度，即技术本身的实用性和经济性；缺乏通过微观调研获取农户低碳农业技术的实际采用情况及对农户采纳减排技术影响因素方面的研究。

从文献研究内容和研究方法匹配看，国外已形成以自然科学"田野实验"为主要研究方法（以减排来源测度、减排机理、风险规避为研究内容）和以经济学为主的社会科学"各类模型"为主要研究方法（以减排技术可行性筛选，减排成本收益分析，政策效果分析为研究内容），以及与之匹配的研究方法的一体化分析框架。国内研究主要集中在低碳农业内涵、发展模式和路径、必要性和制约分析、政策与机制设计的定性研究方面。

我国低碳农业无论是研究视角、研究内容和研究方法与国外的差距为其深入研究提供了发展空间，纵观国内外文献研究，在低碳农业理论和实践范围，研究者有很多有价值的工作要做。

一是亟需完善低碳农业内涵体系。目前低碳农业概念界定存在扩大化和缩小化两种倾向，实践中虽冠以低碳农业，但很多做法实际还是生态农业和循环农业的"新瓶装旧酒"。因此理论上需对其内涵、特征进行系统描述；对低碳农业、循环农业、生态农业的联系与区别进行清晰界定。

二是全面核算农业源温室气体排放情况。农业参与温室气体排放活动决策的基础条件是核算与农业相关的温室气体排放数量、结构特征和地区差异。而目前依据 IPCC 提供的经验公式和参数核算没有考虑与农业生产相关的能源排放和农业活动投入品上游供应链的隐含碳。国内文献要么只考虑农业能源碳排放（李国志，2010），要么只考虑农业源温室气体排放（董红敏，2008），没有较为全面的反映农业活动对气候变化的影响。黄祖辉和米松华（2011）首次运用碳足迹分层方法较为完整的对浙江省农业碳足迹进行了核算，但只有地区尺度和单年份的核算结果，不能反映中国农业碳足迹的地区差异和时序变化趋势。提高农业源温室气体排放核算的全面性和精度，对于设立统一的碳减排标准和规则以及建立更有效的农业碳交易市场都具有基础性作用。

三是筛选具有适用性的农业减排技术体系。席运官（2009）认为技术的匹配和适合度条件不足，如低碳技术转化、专业人员的指导和培训以及市场衔接是制约低碳农业规模化发展的因素之一。如何借助多学科研究方法特长，改变目前偏重单一减排技术研究现状，建立具有适用性和经济性的整套农业减排技术体系是发展低碳农业的技术准备。

四是强化对微观主体（农户）减排行为的研究。目前只有王金霞（2008）、吕亚荣和陈淑芬（2010）分别采用李嘉图模型、二元逻辑斯蒂模型对农户气候变化认知能力的影响因素、农户气候变化认知和采取适应性行为的影响因素进行了分析，而对影响低碳农业技术采纳的文献几乎是空白，这不利于国家低碳农业技术体系的推广和相关扶持政策的制定。

第 2 章 碳足迹核算方法及浙江省农业碳源碳汇核算

2.1 碳足迹核算方法

2.1.1 碳足迹概念

碳足迹（carbon footprint）来源于生态足迹（ecological footprint）（Wackernagel M.，et al，1996，1999），各国机构和学者在界定碳足迹定义时围绕着三个核心问题：一是碳足迹除 CO_2 外是否还应包括 CH_4 和 N_2O 等增温潜势更强的温室气体；二是碳足迹除考虑直接排放，是否还应包括隐含在上游生产过程中的"隐含碳"（embodied carbon），如果是的话，边界（boundary）如何界定以及间接排放如何计算；三是碳足迹的计量单位，是采用直接压力指标，用吨（ton）表示；还是反映对全球气候变化的潜在影响，用吨二氧化碳当量（t CO_2 - eq）表示；抑或是沿用生态足迹的"适当的承载力"，用地域为基础的单位公顷（hectares）表示。

表 2.1 文献中代表性碳足迹定义表述一览表

来源	定义
英国碳信托（Carbon Trust，2007）	碳足迹是一种核算方法，估算产品从原材料制造到废弃物处置全生命周期温室气体排放总量，用二氧化碳当量表示；碳足迹是一种技术，明确测量每种产品供应链处理过程中每项活动温室气体排放。
Energetics（2007）	碳足迹包括了商务活动引致的全部直接和间接碳排放。
ETAP（2007）	碳足迹是一种测量方法，表明人类活动对环境的影响，以生产中产生的温室气体排放总量（吨二氧化碳当量）表示。
Global Footprint Network（2007）	碳足迹需考虑生物固碳能力对化石燃烧二氧化碳排放的碳汇功能。
Grubb E. & Ellis R.（2007）	碳足迹是一种测量化石燃料燃烧排放二氧化碳的方法。
Wiedmann T. & Minx，J.（2007）	碳足迹是对某种活动引起的（或某种产品生命周期内积累的）直接或间接 CO_2 排放量的度量。
Paliamentary Office of Science and Technology（2006）	碳足迹测量的是产品全生命周期二氧化碳和其他温室气体的总和，以二氧化碳当量表示，它解释了不同温室气体对全球温室效应的影响。

资料来源：作者整理。

从上述机构和学者关于碳足迹的定义可以看出：碳足迹核算的活动包括个体（居民）、公司、政府、部门、产品生产过程的碳排放；所指的产品包括产品和服务；核算对象既包括二氧化碳，也包括甲烷和氧化亚氮等温室气体；核算内容既包括了直接碳排放（on-site、internal），也包括了间接碳排放（off-site、external、embodied、upstream、downstream）。因此，碳足迹是从生命周期的角度出发，可用来分析国家、城市、产业到微观产品等不同尺度人类活动导致的直接和间接温室气体排放，从而为各研究尺度减排行动提供全方位视角。

2. 1. 2　碳足迹计算方法述评

碳足迹计算方法主要包括生命周期评价法（LCA 法）、环境投入产出法（EIO 法）以及二者综合的投入产出—生命周期评价法（Hybrid model）。

生命周期评价法。生命周期评价法是自下而上（bottom-up）的过程分析法，即从"摇篮"到"坟墓"的计算方法。该方法核算碳足迹包括两个关键步骤：一是确定系统边界。以农业部门为例，需界定农业生产直至最终废弃物处置全过程中直接和间接产生碳排放的活动。二是收集数据。其中两类数据是计算碳足迹所必须的：生命周期涵盖的所有物质或活动的数量或强度数据（质量、体积、千米、千瓦时）；碳排放因子，即单位物质或能量所排放的二氧化碳当量。生命周期评价法的优点在于考虑了生产过程较多的细节，因此特别适用于分析产品或过程等微观碳足迹；缺点是核算边界划定的主观性，容易造成边界的截断（Lenzen M.，2001）；由于所需数据量较大，在数据收集和处理过程中耗时且成本投入较高。

投入产出法。投入产出法最早是由美国著名经济学家瓦·里昂惕夫（Leontief W.，1941）提出的研究经济系统各部门间投入产出关系的数学模型，是一种自上而下的分析方法（top-down）。该方法核算碳足迹突出的优点是它能利用投入产出表反映各产业碳排放的联系，通过计算里昂惕夫逆矩阵全面分析农业生产投入品各上游生产阶段直接与间接能源需求，进而通过能源碳排放因子，推算温室气体排放量；由于将整个经济系统作为分析边界，克服了生命周期法边界划分的难点；且一旦模型建立起来，需要很少的时间和人力就能完成计量工作。但投入产出法在过程的细节分析方面明显欠缺，尤其在处理农产品等多品种问题时，该方法明显地只考虑总量而忽视多品种的分类核算所体现的排放差异（Meisterling K.，et al，2009）。从目前应用来说，主要用于分析部门等中观和宏观碳排放问题。就农业碳足迹而言，投入产出法主要停留在农业生产能源消费导致的直接和间接碳排放分析和农业能源需求预测（Cao Shuyan，et al，2010），对于诸如农业生产中水稻种植和牲畜肠道发酵 CH_4 排放、农业土壤 N_2O 排放等直接排放一般还是采用生命周期法；且投入产出法数据比较老，一般我国的投入产出表每 5 年公布一次。

投入产出—生命周期评价法。鉴于生命周期法和投入产出法各自的优缺点，Matthews H. S., et al（2008）提出了一种将两者结合在一起的杂交法（economic input-output life cycle assessment tool，EIO-LCA），该方法将过程分析嵌入投入产出分析中，既具有生命周期法的详细性，又不失投入产出法的完整性，目前已成为生态经济模型中广泛使用的一种处理技术（Heijungs R., et al，2002；Matthews H. S., et al，2008）。在这种方法下，生产的直接碳排放、一次能源和二次能源消费导致的直接碳排放应用生命周期法，而更高层次如二次能源间接碳排放和投入品隐含碳应用投入产出分析（Eckel A.，2007）。

2.1.3 碳足迹边界界定

世界资源研究所（WRI）和世界可持续发展工商理事会（WBCSD）提出层级（Tier）分析思想，其核心思想强调从生产者视角，企业自身活动会产生直接碳排放；从消费者视角，企业消耗外购能源和原材料实际属于生产中的隐含碳而产生间接碳排放，从而提出降低供应链碳足迹是一种兼具灵活和成本有效性的减排管理战略，其核算层级划分为：

Tier 1：核算工业部门生产及运输过程中直接碳排放。

Tier 2：将第一层面碳排放边界扩展到工业部门所消耗的各种能源生产全生命周期碳排放。

Tier 3：涵盖以上两个层面，涉及工业部门生产链的直接和间接碳排放。

基于以上分层思想和方法，结合农业生产过程特征，本研究将农业源温室气体排放全生命周期核算过程分为以下四层：

第一层：农业源温室气体排放，包括水稻种植 CH_4 排放、牲畜肠道发酵 CH_4 排放、施肥（氮肥）引致的农地 N_2O 排放。

第二层：农业生产直接能源消耗碳排放，包括农用一次能源（煤炭和柴油） CO_2 排放。

第三层：化肥、农药、农膜生产/运输过程中隐含碳排放。

第四层：农业生产废弃物处置导致的温室气体排放，包括秸秆焚烧 CO_2 排放，粪便管理 CH_4 和 N_2O 排放，体现农产品"从摇篮到坟墓"全过程温室气体排放全貌。

WRI分层分析方法运用碳足迹理论体现了 LCA 的思想，同时分层的主要功能还体现在分清采取农业减排行动的优先次序（Lenzen M.，2001）。因此，本研究采用分层生命周期评价法[①]对我国农业源温室气体进行核算，核算范围

[①] 一般我国投入产出表每 5 年编制一次，本文为保持数据时间序列的连续性，没有对能源隐含碳进行分析。

不仅包括 IPCC 核算方法中与农业活动直接相关的农业源排放，还包括能源消费导致的 CO_2 排放及农资投入品供应链上游隐含碳排放。

2.2　浙江农业系统碳源碳汇核算

根据上述碳足迹核算方法概述，本研究将核算农业生态系统碳汇、碳源的边界界定为农地固碳、林业固碳、湿地固碳、果园和茶园固碳（水果和茶叶系浙江农业十大支柱产业）；与农业活动相关的农民生产、消费造成的碳排放（主要指能源使用）、农业有机残留物焚烧堆放或处理过程中的碳排放、畜禽肠道发酵的温室气体排放及与土地利用变化相关的温室气体排放。力求对浙江目前农业生态系统碳源和碳汇基本情况进行全面排查，摸清农业源碳汇培育现状，了解农业源碳排放的重点领域，在摸清家底的基础上，制订低碳农业发展目标和总体规划。

2.2.1　浙江省农业碳汇核算①

2.2.1.1　农业土壤固碳核算

农业土壤固碳与温室气体减排已经被国际社会接受为扭转日益增加的大气 CO_2 浓度的可选途径，并得到了《京都议定书》的承认。本研究根据韩冰的研究选取全国平均土壤固碳潜力指数［892.07 千克/(公顷·年)］，核算浙江省农业土壤（耕地）固碳效应。计算公式：

$$土壤固碳潜力＝耕地面积×平均土壤固碳潜力指数$$

表 2.2　浙江省农业土壤固碳估算

年　份	2005	2006	2007
耕地面积（万亩）	2 390.33	2 383.71	2 396.01
固碳量（万吨）	142.16	141.76	142.49
固碳量均值（万吨）	142.14		

注：①由于短时间土壤固碳能力变化不大，影响农业系统土壤固碳量变化的主要是土壤面积，本研究根据国家初始信息通报核算标准采用耕地面积表示。

②由于 2008 年开始耕地面积属国土局统计，统计口径发生变化，故此处只选取了 2005—2007 年的耕地面积。15 亩＝1 公顷。

③按照统计口径：耕地面积包括熟地、当年新开荒地、连续撂荒未满 3 年的土地和休闲地，以种植农作物为主，附带种植零星果树、桑树、茶树和其他林木的土地；但专业性的桑园、果园、果林苗圃、林地、芦苇地、天然草场等不包括在内。

――――――――――

① 根据农学原理，一般农业碳汇的指标是固碳量；农业碳源国际上通用的是排放二氧化碳或二氧化碳当量。

2.2.1.2 浙江省农业主导产业——果、茶固碳能力核算

研究表明：果、茶树产业除在建设都市型现代农业、充实市民休闲旅游、帮扶农民增收致富等方面发挥作用外，在生态建设中的减排功能尤其突出。

果、茶园固碳包括土壤固碳和植被固碳，根据吴志丹的研究果园植被固碳为 6.548 吨/（公顷·年），根据黄毅斌的研究果园土壤固碳为 0.714 吨/（公顷·年）[即果园固碳系数为 7.262 吨/（公顷·年）]；根据姜培坤的研究茶园植被固碳为 5.09 吨/（公顷·年），茶园土壤固碳与果园土壤固碳效果大致相同，亦为 0.714 吨/（公顷·年）[即茶园固碳系数为 5.804 吨/（公顷·年）]。计算公式：

果、茶园固碳潜力 ＝（土壤固碳量＋植被固碳量）×固碳系数

表 2.3－1　浙江省果园固碳估算

年　份	2005	2006	2007	2008	2009
果园面积（万亩）	449.71	450.00	471.37	475.7	477.1
固碳量（万吨）	217.72	217.86	228.21	230.30	230.8
固碳量均值（万吨）	224.98				

表 2.3－2　浙江省柑橘果园固碳估算

年　份	2005	2006	2007	2008	2009
果园面积（万亩）	184.51	180.30	183.67	183.2	175.0
固碳量（万吨）	89.33	87.29	88.92	88.69	84.72
固碳量均值（万吨）	87.79				

注：①以上实验数据参考了吴志丹.福建省柑橘林生态系统碳储量的时空变化.福建农林大学学报：自然科学版，2010（2）；黄毅斌.果—草生态模式的土壤固碳潜力（中国低碳农业国际研讨会.2010）。
②以上实验数据既含有固碳效应又含有固氮效应，即应理解为果园固碳（氮）效应。
③因为目前的实验数据都是针对柑橘果园的，故表 2.3－1 中的数据是用柑橘果园的固碳数据替代所有果园估算的结果；由于浙江柑橘果园所占面积最大，故表 2.3－2 单独核算了柑橘果园的固碳量。

表 2.4　浙江省茶园固碳估算

年　份	2005	2006	2007	2008	2009
茶园面积（万亩）	231.98	238.00	253.4	261.14	263.9
固碳量（万吨）	89.76	92.08	98.C5	101.04	102.11
固碳量均值（万吨）	96.61				

2.2.1.3　浙江省林业碳汇

森林是地球陆地生态系统的主体，与陆地其他生态系统相比具有较高的生物量和生长量，是陆地生态系统最大的碳库。森林每生长 1 立方米，大约可以吸收 1.83 吨 CO_2。森林全部固碳量包括树木生物量固碳、林下植物固碳量和林地固碳量。本课题中，我们直接应用《浙江省重点公益林建设与效益公报（2007）》的统计结果，之所以选取重点生态公益林而未采用森林总蓄积量，是因为重点生态公益林严禁皆伐而只进行基本的抚育伐和更新伐，因此固碳效果相对稳定（碳泄露较小）。根据《浙江省重点公益林建设与效益公报（2007）》：2006 年，浙江省重点公益林的生物总量达 13 407.97 万吨，年固定二氧化碳 1 703.34 万吨，年释放氧气 1 238.60 万吨；年贮（固）碳量 996.46 万吨。

2.2.1.4　浙江省湿地固碳核算——自然湿地和人工湿地（水稻田）

湿地是陆地生态系统的重要组成部分，为区域环境提供了各种各样的生态系统服务功能，其中包括土壤固碳功能。由于其自身的特点，湿地在植物生长，促淤造陆等生态过程中积累了大量的无机碳和有机碳；加之湿地土壤水分过饱和的状态，具有厌氧的生态特性，土壤微生物以厌氧菌类为主，微生物活动相对较弱，所以碳每年大量堆积而得不到充分的分解，逐年累月形成了富含有机质的湿地土壤，因此相对于农田和森林生态系统，湿地具有持续的固碳能力。

浙江省湿地资源丰富，且呈现湿地类型多样性的特征。根据对全省面积 8 公顷以上湿地资源调查，全省湿地分布有 5 大类 27 型，湿地总面积 2 467 775 公顷，占全省区域总面积的 22.7%。湿地总面积中天然湿地 891 083 公顷，占 36.1%；人工湿地 1 576 692 公顷，占 63.9%。

表 2.5　浙江省湿地面积分布类型统计表

类型名称	湿地面积（公顷）	类型比重（%）
全省合计	2 467 775.30	100
近海及海岸湿地	612 762.72	24.8
河流湿地	267 481.51	10.8
湖泊湿地	10 346.42	0.4
沼泽湿地	492.57	0.02
人工湿地	1 576 692.08	63.9
其中：水稻田	1 291 111.00	52.3

计算公式为湿地资源固碳潜力 CSP 为固碳速率（CSR）和面积潜力（A）的乘积。

$$CSP＝CSR×A$$

根据中国科学院生态环境研究中心城市与区域生态国家重点实验段晓男、王效科等关于湿地生态系统固碳和南京农业大学农业资源与生态环境研究所许信旺、潘根兴等关于水稻土壤碳循环的研究结果，计算浙江省湿地固碳潜力如表2.6。

表 2.6　浙江省各类湿地固碳估算表

类型名称	湿地面积 （公顷）	固碳速率 ［克/（平方米·年）］	固碳能力 （万吨）
全省合计	2 467 775.30		199.44
近海及海岸湿地	612 762.72	235.62	144.38
河流湿地	267 481.51	56.67	15.74
湖泊湿地	10 346.42		
沼泽湿地	492.57	444.27	0.22
人工湿地	1 576 692.08	24.80	39.10
其中：水稻田	1 291 111.00	20	25.82

注：上述湿地面积系 2009 年数据，来自国家林业局网站。

2.2.2　浙江省农业碳源核算

2.2.2.1　浙江省农业碳源计算研究思路框架图

本研究采用对农业投入品、农机、农产品加工、农业废弃物的处理和利用过程中碳排放进行全过程分析（LCA 生命周期）浙江农业碳源，具体研究思路见图 2.1。

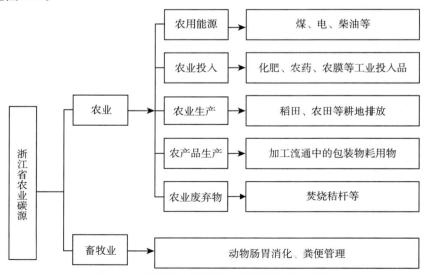

图 2.1　浙江省农业碳源计算研究思路框架图

2.2.2.2 农用能源碳排放

1. 农用柴油使用及其碳排放

从浙江农业生产使用的能源来看，随着农业机械化水平的提高，柴油成为农业生产的主要能源。其中耕作机械、收获机械、植保机械、农业排灌机械、农副产品加工机械、运输机械都主要依靠柴油作为主要动力。农用柴油燃烧主要排放二氧化碳、一氧化碳、碳氢化合物、氮氧化物和颗粒污染物等，而农业机械对柴油燃烧效率低也间接地造成了能源浪费。

根据 IPCC（联合国政府间气候变化专门委员会，2006 版）柴油二氧化碳排放系数计算农用柴油使用导致的二氧化碳排放量，计算公式：

农用柴油二氧化碳排放量＝总柴油使用量（吨）×柴油二氧化碳排放系数（2.73 千克/升）÷密度（柴油的平均密度为 0.84 千克/升）

表 2.7 浙江省农用柴油碳排放估算

年 份	2005	2006	2007	2008	2009
农用柴油（万吨）	187.27	190.23	193.58	184.28	183.28
二氧化碳排放量（万吨）	608.63	618.25	629.14	598.91	595.66
平均二氧化碳排放量（万吨）			610.12		

2. 农业生产用电及其碳排放

除燃料油的使用外，电力的消耗对农业能耗的影响程度也较大，由于我国主要是火力发电，农业生产用电无形中又间接地消耗了煤炭能源，而煤炭的碳排放量是所有能源中最高的。

根据 IPCC（联合国政府间气候变化专门委员会，2006 版）发电用燃煤的二氧化碳排放系数计算农业生产用电导致的二氧化碳排放量（每千瓦时的二氧化碳排放系数为 0.785 千克）。

表 2.8 浙江省农业生产用电碳排放估算

年 份	2005	2006	2007	2008	2009
农业生产用电（亿千瓦时）	312.34	347.15	15.64	405.25	15.71
二氧化碳排放量（万吨）	2 451.87	2 725.13	3 061.34	3 181.21	3 341.35
平均二氧化碳排放量（万吨）			2 952.18		

注：①数据来源：浙江统计年鉴 2005—2009，浙江省电力公司。

②按照省电力公司农电处的统计口径：农业用电核算农业生产用电、农村生活用电、乡镇工业用电和其他四大类。

3. 农业工业投入品使用及其碳排放

农业投入品包括自身投入（种子、种苗、有机肥等）和工业投入品（农药、化肥、农膜等），前一种投入品与温室气体排放关联度不大（系维持农业简单再生产）；而后一种投入品与温室气体排放关联度就相当大了，农药、化肥、农膜在生产、运输、使用、废弃物的处理等过程中均会产生碳排放。因此本课题农业投入品针对的是工业投入品。

（1）农药与碳排放。农药生产的全过程（包括生产、运输、使用阶段）都涉及碳排放，根据 West and Marland 的研究，每吨农药在生产、运输、使用阶段分别排放 4.4、4.6、4.8 吨二氧化碳当量，合计为 13.8 吨二氧化碳当量/吨。

二氧化碳当量是指一种用作比较不同温室气体排放的量度单位，各种不同温室效应气体对地球温室效应的贡献度皆有所不同。为了统一度量整体温室效应之结果，CO_2 又是人类活动最常产生温室效应的气体，因此，规定以二氧化碳当量（carbon dioxide equivalent）为度量温室效应的基本单位。一种气体的二氧化碳当量是通过把该气体的吨数乘以其温室效应值（GWP）后得出（这种方法可把不同温室气体的效应标准化）。二氧化碳的 GWP 值为 1，因此，从数值上来看，二氧化碳当量与二氧化碳排放数值相等；甲烷的 GWP 值为 21；一氧化二氮的 GWP 值为 310（《中国气候公报》）。计算公式：

农药全过程二氧化碳排放量＝（生产阶段二氧化碳排量/吨＋运输阶段二氧化碳排量/吨＋使用阶段二氧化碳排量/吨）×总农药使用量

表 2.9　浙江省农药施用全过程碳排放量估算

年　份	2005	2006	2007	2008	2009
农药使用量（万吨）	6.56	6.62	6.49	6.58	6.54
二氧化碳排放量（万吨）	90.53	91.36	89.56	90.80	90.25
平均二氧化碳排放量（万吨）			90.50		

（2）化肥（氮肥）与碳排放。化肥生产的全过程（包括生产、运输、使用阶段）都涉及碳排放，根据张卫峰的研究，生产、运输、施用 1 吨氮肥分别排放 6.44、0.08、5.33 吨二氧化碳当量，全生命周期排放 11.85 吨二氧化碳当量/吨。计算公式：

氮肥全过程二氧化碳排放量 ＝（生产阶段二氧化碳排量/吨＋运输阶段二氧化碳排量/吨＋施用阶段二氧化碳排量/吨）×氮肥施用量

表 2.10 浙江省化肥（氮肥）施用全过程碳排放量估算

年 份	2005	2006	2007	2008	2009
氮肥施用量（万吨）	56.11	55.41	53.88	53.61	53.38
二氧化碳排放量（万吨）	664.90	656.61	638.48	635.28	632.55
平均二氧化碳排放量（万吨）	645.56				

注：①因为氮肥在农业生产中施用量是最多的，产生的二氧化碳也最多（据国家有关部门的研究和实验数据表明，我国氮肥生产约占全国能源消耗的 5%，每年氮肥在生产及施用过程中排放的二氧化碳约占全国排放总量的 8%），故本研究中只计算氮肥的碳排放量。

②表 2.10 中的氮肥施用量是按照折纯法计算的。

（3）农膜与碳排放。农膜生产、运输、使用过程中的碳排放没有经验和实验数据供参考，故本课题电话调查了金华市农业生产资料有限公司、湖州农业生产资料有限公司。通过调研了解到：农膜生产主要用电，每吨农膜的用电量大约在 400～600 千瓦时（本课题取均值 500 千瓦时/吨，以每千瓦时发电燃煤的二氧化碳排放系数 0.785 千克计算，每吨农膜生产二氧化碳排放 0.4 吨）；运输、使用阶段的排放取与农药相同，即分别为 4.6、4.8 吨二氧化碳当量，合计为 9.44 吨二氧化碳当量/吨。计算公式：

农膜全过程二氧化碳排放量＝（生产阶段二氧化碳排量/吨＋运输阶段二氧化碳排量/吨＋使用阶段二氧化碳排量/吨）×总农膜使用量

表 2.11 浙江省农膜使用全过程碳排放量估算

年 份	2005	2006	2007	2008	2009
农膜使用量（万吨）	4.47	4.75	4.92	5.21	5.44
二氧化碳排放量（万吨）	42.20	44.84	46.44	49.18	51.35
平均二氧化碳排放量（万吨）	46.80				

4. 农业生产—粮食生产（水稻）与甲烷净排放

甲烷（俗称沼气），与二氧化碳同属温室气体，甲烷所产生的温室效应是二氧化碳的 20 倍以上。在淹水稻田中，土壤有机物厌氧分解产生甲烷并通过水稻植物的传输作用逸散到大气中。据统计，我国农业源（主要是水稻种植）产生的 CH_4 占全国总量的 50.15%（董红敏等，2008）。浙江省的粮食功能区主要的作物是水稻，故本课题粮食生产与温室气体排放分析对象是水稻种植产生的甲烷。

在估算浙江省稻田甲烷排放量时，甲烷的日排放通量取农业部环境保护科研检测所在浙江的监测结果：0.19～0.69 克/（平方米·天）（梅天权等），本课题取 0.19 克/（平方米·天）（之所以取下限，是因为水稻种植同时能吸收部分二氧化碳；浙江稻田养鸭等模式在一定程度上减少了甲烷排放）。浙江的水稻包括早稻（生育天数 80～90 天）；单季稻（生育天数 100～110 天）；连作晚稻（生育天数 80～90 天）；年生育天数 275 天，则每年每亩水稻甲烷排放量为 34.8 千克。

另据福建农林大学生命科学学院林瑞余等对不同水稻形成过程固碳特性的研究，不同水稻品种全生育阶段净碳固定量为每亩 70.96 千克，合净吸收二氧化碳 260.19 千克。

表 2.12　浙江省水稻生产甲烷净排放量估算

年　　份	2005	2006	2007	2008	2009
水稻播种面积（万亩）	1 542.81	1 545.60	1 431.44	1 405.25	1 408.10
甲烷排放量（万吨）	53.69	53.79	49.81	43.94	49.00
平均甲烷排放量（万吨）	51.05				
二氧化碳当量（万吨）	1 072.05				
净吸收二氧化碳量（万吨）	401.42	402.15	372.45	365.89	366.37
平均二氧化碳吸收量（万吨）	381.66				
合计净排放（万吨）	690.39				

注：为方便不同时期或不同地区之间的碳排放对比，通常以二氧化碳当量为温室气体的标准单位，根据中国气候公报在 2006 年报告中公布的数据，中国甲烷变暖潜能值（GWP 值为 21），即：减少 1 吨甲烷排放就相当于减少了 21 吨二氧化碳排放，即 1 吨甲烷的二氧化碳当量是 21 吨，51.05 万吨甲烷的二氧化碳当量即为 $51.05 \times 21 = 1\ 072.05$ 万吨。

5. 畜禽饲养与甲烷排放

（1）畜禽废弃物（粪便）与甲烷排放。动物粪便是人为甲烷排放源的又一重要来源，就动物种类来说，牛、水牛和猪的粪便最值得关注。近些年浙江极力推进的规模化养殖场从甲烷排放的角度来说，其实是通过粪便管理方式影响甲烷的产生：一方面，规模化养殖决定厌氧条件是否存在，当以液态方式处理粪便时，粪便趋于厌氧分解，排放大量甲烷；而当以固体方式处理时（堆积或散落在草场、牧场），粪便趋于有氧分解，几乎不排放甲烷；另一方面，管理方式决定粪便中的水分含量，粪便中水分含量越多，甲烷排放量也就越多。

本课题根据 IPCC（2006）年推荐的方法计算浙江畜禽年甲烷排放量。计算公式和步骤：

$$TM = GWP\ CH_4 \times McF \times 密度 \times Vs \times Bo \times N \times 365 / 10^7$$

其中：TM 为甲烷年释放量（万吨）；密度为 0.67 千克/立方米；GWP CH_4 为甲烷全球升温潜能值，取值 21；Vs 为某一给定牲畜群中每头牲畜日挥发性固体排泄量［千克干物质/（头·天）］；Bo 为由动物种类、日粮水平决定的废弃物最高甲烷释放量（即立方米/每千克固体废弃物）；McF 为甲烷转化因子（即表示在一定的动物废弃物处理系统中，Bo 的实现程度）；N 为某一给定牲畜群中牲畜的数量。

需要说明的是：①浙江禽畜规模化养殖比率大约是 75％，而规模化养殖由于采用固体堆存或厌氧发酵，因此甲烷转化率较低，McF 为 10％；非规模化养殖甲烷转化率较高，McF 为 68％。故以下的统计分两种情况，在此暂不考虑禽畜粪便的资源化利用；②由于浙江省禽畜养殖中，猪占主导地位，故本课题只统计猪粪便甲烷排放；③根据农业部统计口径，猪规模化以上指年出栏50 头以上。

表 2.13　浙江省畜禽粪便甲烷排放量估算

动物类型		Vs [千克/(头·天)]	Bo (立方米/千克固体废弃物)	McF	畜禽数量 (万头/只/羽)	甲烷释放量 (万吨)
					2009 年	2009 年
非规模化	猪	0.9	0.29	68％	1 225.8	279.32
规模化				10％		123.23
2009 年浙江禽畜粪便甲烷释放合计						402.55

（2）牲畜肠道发酵与甲烷排放。据 IPCC 统计，甲烷的三个重要来源是：湿地、稻田和反刍牲畜，其中反刍动物中牛和绵羊是最大的肠道甲烷排放源。

我国农业部环境保护科研检测所采用 IPCC 提供的简单方法，结合我国饲养量较大的畜禽，总结出我国主要牲畜肠道发酵甲烷排放系数。计算公式：

$$牲畜肠道发酵甲烷释放量＝头数×排放因子$$

表 2.14　浙江省牲畜肠道发酵甲烷排放量估算

动物类型	典型牲畜释放量 [千克/(年·头)]	动物数量（万头/只）	甲烷释放量（万吨）
		2009 年	2009 年
猪	1	1 225.8	1.22
牛	53.2	20.37	1.08
羊	5	111.55	0.56
2009 年浙江牲畜肠道发酵甲烷释放合计			2.86
二氧化碳当量			60.06

6. 农业废弃物（秸秆）燃烧与二氧化碳排放

秸秆燃烧不仅浪费大量的能源和肥源，也成为污染环境和温室气体排放的重要来源。作为生态省建设的一项重要内容，早在 2005 年，浙江省就开展了农业资源节约和农业废弃物综合利用的工作。2008 年，全省秸秆可收集资源量为 977 多万吨。其中，肥料化（包括直接还田）消耗的量达 377.1 万吨，饲料化消耗的量达 27.4 万吨，基质化和材料化消耗的量达 84 万吨，合计已利用约 488.5 万吨，占秸秆可收集资源量的 50％，故在本课题研究中取秸秆燃烧的比例为 40％（其中 10％为丢弃的；全国秸秆燃烧的平均值为 60％）。

本课题参考 IPCC 推荐的计算方法，对农作物秸秆分类计算其燃烧产生的二氧化碳的量。计算公式和步骤：

$$秸秆燃烧二氧化碳排放量 = \sum (Pc \times Rc \times Bc \times DMc \times Cc) \times 44/12$$

其中：P 为作物的产量（万吨）；R 为秸秆/作物比率（％）；B 为秸秆燃烧的百分率（％）；DM 为干物质含量（％）；C 为碳的含量（C 吨/DM 吨）；c 为作物种类。

表 2.15　浙江省农业废弃物（秸秆）燃烧二氧化碳排放量估算

项　目	水　稻	小　麦	玉　米	薯　类	油　料	糖　料
P 作物产量（万吨）	660.44	21.21	11.12	38.96	43.20	81.40
R 秸秆/作物比率（％）	1	1	2	1	2	1
B 秸秆燃烧（％）	40	40	40	40	40	40
DM 干物质含量（％）	83	83	40	45	45	15
C 为碳的含量（％）	41.44	48.53	47.09	42.26	45.00	45.00
碳燃烧总量（万吨）	90.86	3.42	1.68	2.96	7	2.20
折合二氧化碳排放量（万吨）	333.17	12.53	6.14	10.87	25.67	8.06
合计二氧化碳排放量（万吨）	396.44					

注：①以上作物产量数据来自 2009 年浙江省农业统计资料。

②此部分忽略了秸秆燃烧过程中甲烷和氮氧化合物的排放。

以上，本课题计量了浙江省农业活动产生的碳汇碳源情况，表 2.16 对浙江省农业整体碳汇碳源情况进行汇总，以便了解整体情况和分布。

表 2.16　浙江省农业碳汇碳源汇总表（Ⅰ）

单位：万吨二氧化碳当量

农　业　活　动	"十一五"期间 （2005—2009）年均值	各项 所占比例（％）
农业碳汇		
农业土壤	142.14（521.18）	12.60
果　园	224.98（824.93）	19.95
茶　园	96.61（354.24）	8.57
森林固碳	1 703.34	41.19
湿　地	199.44（731.28）	17.69
其中：水稻田	25.82（94.67）	2.29
小计	4 134.97	

（续）

农　业　活　动	"十一五" 期间 （2005—2009）年均值	各项 所占比例（％）
农业碳源		
农业能源使用与碳排放		60.43
农用柴油使用	610.12	10.35
农业生产用电	2 952.18	50.08
农业工业投入品使用及其碳排放		13.28
农药施用	90.50	1.54
化肥施用	645.56	10.95
农膜使用	46.80	0.79
粮食生产（水稻）与甲烷排放	690.39	11.71
畜禽饲养与甲烷排放		7.85
畜禽废弃物（粪便）	402.55	6.83
牲畜肠道发酵	60.06	1.02
农业废弃物（秸秆）燃烧与二氧化碳排放	396.44	6.73
小计	5 894.6	
总计（净排放）	1 759.63	

注：农业土壤、果园、茶园、湿地第一个数据为固碳量，括号内为折算成二氧化碳当量的数据。

从表 2.16 中我们可以看出：

（1）从浙江农业系统温室气体排放总量来看。浙江省农业系统"十一五"期间年平均排放 1 759.63 万吨二氧化碳当量，碳汇与碳源之比 4 134.97∶5 894.6 约为 7∶10。因为除美国外还没有哪个地区和国家系统计算过农业碳源碳汇情况，故本课题选取美国做横向比较，美国农业系统碳汇与碳源之比 712.8∶6 242（单位为百万吨二氧化碳当量）约为 1∶10。与此相比，浙江省农业系统碳汇功能更优，当然在增加农业源碳汇、降低农业系统整体温室气体排放方面，还有很大的发展空间。

（2）从浙江农业系统温室气体排放结构来看。碳汇排序依次为：森林固碳（41.19％）、果园植被土壤固碳（19.95％）、湿地固碳（17.69％）、农业土壤固碳（12.60％）、茶园植被土壤固碳（8.57％）、水稻田固碳（2.29％）；

碳源排序依次为：农业能源使用（60.43％，其中以农业生产用电比重最大，约占整个碳源总量的 50％）、农业工业投入品使用（13.28％，其中以化肥温室气体排放最大，占整个碳源总量的 10.95％）、水稻的甲烷排放（11.71％）、禽畜饲养（7.85％）和农业废弃物（秸秆）燃烧（6.73％）。

通过上述定量分析，为浙江低碳农业发展确定了发展重点、领域和环节。

2.3 浙江农业管理措施减排潜力估算

浙江省农业"十一五"期间确定了"生态农业、循环农业"的发展模式，近年来采取了诸如测土配方施肥、保护性耕作、节水灌溉、秸秆还田、禽畜粪便资源化利用、发展农村清洁能源（沼气工程）等一系列农业生产措施和管理措施，改善农村农业生活生产环境的同时，在增加农业碳汇和减缓农业温室气体排放方面也起到了积极作用。本课题拟就浙江省 2005—2009 年间主要农业生产措施和管理措施的节能减排效果进行估算，以定量明确相应的减排潜力，为确定浙江低碳农业发展政策建议提供基础。

2.3.1 保护性耕作及其固碳减排效应

保护性耕作（conservation tillage）概念及提法 20 世纪 30 年代起源于美国，是长期使用大型机械、频繁翻耕农田，遭遇严重水土流失和风沙危害的惨痛教训之后开始研究和发展起来的一种新型土壤耕作模式。保护性耕作由于减少了耕作次数，增加了秸秆还田数量，不仅对增加土壤有机碳含量和减少温室气体排放有积极作用；而且减少了农业机械能源的消耗和温室气体排放（West，2002；Holland，2004）。

IPCC2000 报告指出保护性耕作每年能固定超过 1 吨碳/（公顷·年）；欧洲也有类似结论：英国免耕土壤比传统耕作提高 8% 的碳含量；荷兰 19 年的综合措施（包括施用有机肥）使土壤有机质提高 0.5%；根据中国科学院资源与环境科学技术局副局长陈泮勤的研究：免耕每年减少的机械碳排为 14.32 千克二氧化碳当量/（公顷·年）。

浙江省从 2005 年以来以农作物秸秆覆盖留茬还田、免耕播种施肥复式作业和合理轮作为主要内容开展了保护性耕作。截至 2007 年，浙江省保护性耕作面积达 500 万亩。因为统计数据的缺失，只有 2006 年浙江省保护性耕作的面积和截至 2007 年的合计，故本课题选取 2006 年的数据作为"十一五"期间的均值。

2006 年浙江保护性耕作面积 138 万亩，按照 IPCC 的 2000 年报告指出保护性耕作每年能固定超过 1 吨碳/（公顷·年），则保护性耕作固碳效应 9.2 万吨（折合 33.73 万吨二氧化碳当量）；按照免耕每年减少的机械碳排为 14.32 千克二氧化碳当量/（公顷·年），则保护性耕作减排效应 0.13 万吨二氧化碳当量。合计 2006 年浙江省保护性耕作固碳减排效应 33.86 万吨二氧化碳当量。

2.3.2 测土配方施肥减排效应

测土配方施肥就是国际上通称的平衡施肥，这项技术是联合国在全世界推行的先进农业技术。概括来说,一是测土,取土样测定土壤养分含量;二是配方,经过对土壤的养分诊断,按照庄稼需要的营养"开出药方、按方配药";三是合理施肥,就是在农业科技人员指导下科学施用配方肥,提出氮、磷、钾及中、微量元素等肥料的施用数量、施肥时期和施用方法。

配方施肥由于减少化肥消耗,一方面减少了化肥生产、运输、施用全过程的温室气体排放;另一方面增加了土壤肥力,从而提高其固碳能力。

2007 年浙江兰溪被农业部列为测土配方施肥补贴项目县,以小麦、玉米、水稻为实验对象,根据常规施肥和测土配方施肥田间实验对比数据(表 2.17 - 1),测土配方施肥比常规施肥每亩节约 1.5 千克氮肥,按照前面的计算,生产、运输、施用 1 吨氮肥分别排放 6.44、0.08、5.33 吨二氧化碳当量,全生命周期排放 11.85 吨二氧化碳当量/吨,则测土配方施肥每亩减排 0.018 吨二氧化碳当量,"十一五"期间浙江测土配方施肥技术减排效应见表 2.17 - 2。

表 2.17 - 1　浙江省兰溪测土配方施肥与常规施肥对比表

作　物	常规施肥		测土施肥	
	施肥量 (千克/亩)	氮肥利用率 (%)	施肥量 (千克/亩)	氮肥利用率 (%)
小　麦	13.1	17.1	11.2	28.1
水　稻	11.8	21.6	10.6	32.5
玉　米	13.7	16.4	12.4	26.9

表 2.17 - 2　浙江省测土配方施肥减排效应估算表

年　份	2005	2006	2007	2008	2009
测土配方施肥面积(万亩)	1 168.43	1 387.09	1 788.42	2 232.8	2 356.9
二氧化碳减排量(万吨)	21.03	24.97	32.19	40.19	42.42
平均二氧化碳减排量(万吨)	32.16				

2.3.3　秸秆还田固碳减排效应

秸秆还田一方面通过增加土壤碳库的输入实现固碳。不同的气候、土壤、耕作、养分条件下,还田秸秆中 8%～35.7%的有机碳以 SOC 的形式在土壤碳库中保存下来。国内外都有研究指出,秸秆还田可能是最具前景的农田土壤固碳措施之一;另一方面秸秆还田是农业上实现节能减排的又一重要手段,以此可以减少秸秆焚烧带来的温室气体排放。

因为秸秆还田减排效果取决于秸秆的用途(如秸秆气化、秸秆用作饲料、秸秆用作基料等），每种情况的减排数据很难获取，故本课题只估算秸秆还田的固碳效应。

据中国科学院资源与环境科学技术局副局长陈泮勤的研究：我国秸秆还田的净固碳效应包括固碳效应（56.1 千克碳/吨）减去 N_2O 的增排和机械使用的增排（增排 16.1 千克二氧化碳当量/吨），即净固碳系数约为 0.2 吨二氧化碳当量/吨。实验数据：平均每亩还田 300 千克秸秆。

表 2.18　浙江省秸秆还田固碳效应估算表

年　份	2005	2006	2007	2008	2009
秸秆还田面积（万亩）	1 355.44	1 350.1	1 318.0	1 405.2	1 355.23
固碳量（万吨二氧化碳当量）	81.33	81.01	81.33	84.31	81.31
平均固碳量（万吨二氧化碳当量）			81.86		

2.3.4　节水灌溉减排效应

节水灌溉不仅可以节约用水，而且由于灌溉用水减少，用电量相应降低，可以减少因灌溉用水泵的能源消耗产生的温室气体排放。根据浙江省喷、滴灌等节水灌溉项目统计：与土渠相比，喷灌平均每年每亩节电 25 千瓦时，根据 IPCC（联合国政府间气候变化专门委员会，2006 版）发电用燃煤的二氧化碳排放系数计算农业生产用电导致的二氧化碳排放量，每千瓦时的二氧化碳排放系数为 0.785 千克，则喷、滴灌等节水灌溉项目每年每亩减排 0.02 吨二氧化碳。

表 2.19　浙江省节水灌溉减排效应估算表

年　份	2005	2006	2007	2008	2009
节水灌溉面积（万亩）	871.9	758.4	482.8	549.3	468.8
二氧化碳减排量（万吨）	17.44	15.17	9.66	10.99	9.38
平均二氧化碳减排量（万吨）			12.53		

2.3.5　农村清洁能源减排潜力核算

"十一五"期间浙江省以"秸秆综合利用、太阳能、沼气工程、禽畜粪便资源化利用"四个内容为主线，积极发展农村生物质能和清洁能源，在改善农村生活环境的同时，显示了节能减排的巨大潜力。①推广太阳能热水器折合标准煤 49.0 万吨；②全省畜禽规模化养殖中，养殖排泄物资源量约 1 514 万吨，年可产沼气 19.1 亿立方米，相当于可替代常规能源 136 万吨标准煤。太阳能、禽畜粪便生产沼气合计替代 185 万吨标准煤，根据根据 IPCC（联合国政府间气候变化专门委员会，2006 版），标准煤碳当量为 0.714 3 千克碳当量/千克，则减排潜力：$185 \times 0.714\ 3 \times 44/12 = 484.53$ 万吨二氧化碳当量。

综上所述，保护性耕作、测土配方施肥、秸秆还田、节水灌溉、农村清洁能源（含畜禽排泄物资源化）五项农业管理措施和生产技术措施共固碳减排 644.94 万吨二氧化碳当量。

考虑到农业管理措施和生产技术措施的减排作用，浙江省农业碳汇碳源汇总情况 Ⅱ 见表 2.20。浙江省农业系统"十一五"期间总体表现为碳源，年平均排放 1 114.69 万吨二氧化碳当量，碳汇与碳源之比 4 779.91：5 894.6 约为 8：10。因为除美国外还没有哪个地区和国家系统计算过农业碳源碳汇情况，故本课题选取美国做横向比较，美国农业系统碳汇与碳源之比 712.8：6 242（单位为百万吨二氧化碳当量）约为 1：10。与此相比，浙江省农业系统碳汇功能更优，当然在增加农业源碳汇、降低农业系统整体温室气体排放方面，还有很大的发展空间。

表 2.20　浙江省农业碳汇碳源汇总表（Ⅱ）

单位：万吨二氧化碳当量

农　业　活　动	"十一五"期间 （2005—2009）年均值	各项 所占比例（%）
农业碳汇		
直接碳汇		86.51
农业土壤	142.14（521.18）	10.90
果　　园	224.98（824.93）	17.26
茶　　园	96.61（354.24）	7.41
森林固碳	1 703.34	35.64
湿　　地	199.44（731.28）	15.30
其中：水稻田	25.82（94.67）	1.98
小计	4 134.97	
间接减排		13.49
保护性耕作	33.86	0.71
测土配方施肥	32.16	0.67
秸秆还田	81.86	1.71
节水灌溉	12.53	0.26
农村清洁能源	484.53	10.14
小计	644.94	
合计	4 779.91	

（续）

农 业 活 动	"十一五"期间 （2005—2009）年均值	各项 所占比例（%）
农业碳源		
农业能源使用与碳排放		60.43
农用柴油使用	610.12	10.35
农业生产用电	2 952.18	50.08
农业工业投入品使用及其碳排放		13.28
农药施用	90.50	1.54
化肥施用	645.56	10.95
农膜使用	46.80	0.79
粮食生产（水稻）与甲烷排放	690.39	11.71
畜禽饲养与甲烷排放		7.85
畜禽废弃物（粪便）	402.55	6.83
牲畜肠道发酵	60.06	1.02
农业废弃物（秸秆）燃烧与二氧化碳排放	396.44	6.73
合计	5 894.6	
总计（净排放）	1 114.69	

注：农业土壤、果园、茶园、湿地第一个数据为固碳量，括号内为折算成二氧化碳当量的数据。

第3章　适用性低碳农业技术的筛选分析

鉴于文献研究中指出的低碳农业技术的复杂性，适用性低碳农业技术体系的筛选是低碳现代农业又一重要的基础问题。目前农业源温室气体减排主要集中在减排原理和减排技术方面，极少涉及减排技术的适用性[①]和经济性[②]评价。本章在汇整农业源温室气体减排技术和管理措施的基础上，应用修正式德尔菲法，借助跨学科专家相关领域的专业知识，分农田氧化亚氮减排技术和管理措施、稻田甲烷减排技术和管理措施、畜牧业温室气体减排（含反刍牲畜肠道发酵甲烷减排/粪便甲烷和氧化亚氮减排）技术和管理措施三个专题，筛选出"确定性强、可行性强、减排潜力大、对产量有增产或稳产影响、农户易于采纳"的农业源温室气体减排适用性技术和管理措施"最终清单"，为后文农户减排技术采纳意愿和影响因素分析提供研究基础。

3.1　指标和方法

3.1.1　适用性及其指标

粮食安全是我国农业的永恒主题，因此，农业上需要的是"增产减排或至少是稳产减排"技术；农户是减排技术和管理措施的直接实施者，减排技术对产量的影响和农户采纳的难易程度是本章适用性的核心内涵。此外，从技术层面，技术或措施效果的确定性、技术可行性、减排潜力亦是本章适用性内涵所指。

具体而言：确定性需要专家判断某项技术或管理措施减排特定温室气体的效果是否确定；技术可行性是指综合考虑目前是否具备该项技术和工业（程）上是否可生产出相应投入品；减排潜力是从该减排措施的减排速率和可实施面积估算两方面考虑；对产量的影响需专家考虑的是中短期影响；农户采纳难易

---

① 适用性指在农业上能实现增产减排或至少是稳产减排且农户较易采纳的减排技术和管理措施，系本章的研究重点。

② 经济性指农户采用某项减排技术后成本、收益、产量变化。由于我国气候变化呈明显的区域分异，同一减排措施在不同区域针对不同作物减排潜力不同，且投入产出也不尽相同。因此，本章减排措施经济性方面仅根据专家意见做简单定性描述，其深入研究将以案例研究的方法在第8章体现。

程度需专家从微观层面判断该项技术农户是否已经掌握或经培训易于掌握以及该项技术与现有技术相比是否具有成本有效性，从而吸引农户采用。

3.1.2　德尔菲法概述

德尔菲法是依据系统流程，采用专家（团队成员）匿名函调发表意见的方式，即团队成员之间只能与调查人员发生关系，彼比不发生横向联系，不得互相讨论，以反复的问卷填写集结问卷填写人的共识及搜集各方意见，通过团队沟通应对复杂任务难题的管理技术（William P. L. & Webb C.，1994；Linstone H. A. & Turoff M.，2002）。

传统的德尔菲法第一个回合问卷是以开放式问卷去获取专家对于某一主题的想法和意见，容易使专家回答范围过于庞大，失去问题焦点，因此，需要修正传统德尔菲法的步骤，将第一回合开放式问卷的步骤舍去，改成以参考大量文献或专家访谈后，经过前测、修正后，发展出一份结构性的问卷，用于第一回合使用，这种方法称为修正式德尔菲法（modified Delphi method），其优点是可节省时间和成本，且能让专家们立即将注意力放在此研究主题上（Murry J. W. & Hammons J. O.，1995）。

德尔菲法特别适用于较新及较敏感的题材或处理的问题庞大复杂，没有历史或适当的情报，因此问题本身无法提供精确的分析技巧，可能需要不同背景的专家知识获得大致一致的想法（Walk A. M.，1994；Sumsion T.，1998；Linstone H. A. & Turoff M.，2002）。农业源温室气体减排属于较新的研究领域，且目前对农业减排提出的相关技术和管理措施的确定性、技术和工程上的可行性、减排潜力无法提供精确的分析，尤其是对产量的影响以及农户采纳的难易程度等问题较敏感，需要土肥、作物、畜牧、生态、经济、管理等不同背景的专家获得大致一致的相关看法，因此，所研究的问题符合德尔菲法的适用范围。

3.2　流程步骤

本研究提出一个以修正式德尔菲法筛选农业源温室气体减排适用性技术和管理措施的程序（图3.1），主要分为准备阶段、问卷设计以及结果分析3个阶段。

3.2.1　准备阶段

3.2.1.1　问题界定

本研究首先参考大量文献列出农业源温室气体减排的所有措施，形成减排

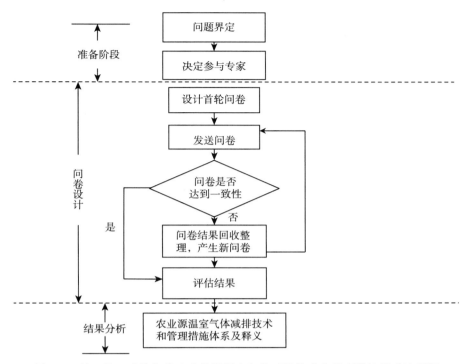

图 3.1　基于修正式德尔菲法农业源温室气体减排技术和管理措施筛选流程图

技术和管理措施"初始清单"（董红敏和李玉娥，2008；赵其国和钱海燕，2009；翁伯琦，2009；张卫建，2009；谭支良，2009；黄钢和沈学善，2010；丁艳锋，2010；陈阜，2010；曹凑贵，2010；潘志华和郑大玮，2010；潘根兴，2010；赵其国，2010；张卫峰，2010；卢德勋，2010；廖新俤，2010；邹晓霞和李玉娥，2011；MacLeod M.，et al，2000；McCarl B. A.，et al，2000；Schneider U. A.，et al，2000；Bates J.，2001；Godwin R. G.，et al，2003；O'Hara P.，et al，2003；King J. A.，et al，2004；US-EPA，2006），然后根据《中华人民共和国气候变化初始信息通报》[①]（2004）将上述减排措施分农田氧化亚氮减排（氮肥管理、养分管理）技术和管理措施、稻田甲烷减排技术和管理措施、畜牧业温室气体减排（含反刍性畜肠道发酵甲烷减排、粪便甲烷和氧化亚氮减排）技术和管理措施 3 个专题，通过 3 份结构性问卷对各自领域减排相应温室气体的确定性、技术可行性、减排潜力、对产量的影响、农户采纳难易程度五大方面进行评估。

———————————

① 农业活动的温室气体清单编制和报告的范围主要包括稻田甲烷排放、农田氧化亚氮排放、动物消化道甲烷排放、动物粪便管理的甲烷和氧化亚氮排放。

3.2.1.2 决定参与专家

本研究选取的专家主要是中国科学院大气物理研究所"农业温室气体排放清单编制"工作组的专家，以及专门从事农田（农田生态、养分管理、土壤肥料、作物）、稻田（水稻育种及栽培）、畜牧业（反刍动物营养调控、畜禽健康饲养）减排研究的理论研究人员和政府部门研究人员和"农业源温室气体减排"相关文献引用率较高的专家。在询问各位专家后，一个月内有时间且愿意配合完成 2～3 轮问卷调查的专家共 16 名[①]。

3.2.2 问卷设计及调查过程

根据德尔菲法的程序，每一回合结束，研究者需针对专家的意见进行一致性检验，Murry J. W. & Hammons J. O.（1995）提出了针对专家意见进行一致性和稳定性检验的标准，当大于 75% 的专家对同一问题选项相同时，认为该待评估问题通过一致性检验；需再进行下一步稳定性检验，当前后两回合同一问题答案更改的专家人数与全部作答人数的比率低于 20% 时，认为该待评估问题通过稳定性检验。值得注意的是，当问卷题项呈稳定时，专家们意见可能趋向一致或不一致，若专家意见一致，则将一致的意见作为分析的依据；若意见趋于不一致，则表明题项在设计上的错误或隐藏着某种意涵，需要对这些意涵或专家的歧义作进一步分析和解释。

3.2.2.1 首轮问卷设计

本研究采用修正式德尔菲法设计首论调查问卷，首轮问卷为结构性的半开放式问卷，按照以上 3 个专题调查问卷分发给不同领域的专家，其中农田类 8 位专家、水稻类 5 位专家、畜牧类 3 位专家。每份问卷由调查目的、专家资料、问卷说明、问卷内容和致谢五部分构成。主体问卷内容部分由各项措施不确定性评估、可行性评估、减排潜力评估、对产量影响评估和农户采纳难易程度评估五项构成，采用李克特五等分量表（Likert 5 - point scale）评价各项措施减排待评估内容的程度。各项减排措施来自上文提到的参考文献和专家访谈后形成的"初始清单"，其中农田氧化亚氮减排、稻田甲烷减排、畜牧业甲烷和氧化亚氮减排分别包括 18 项、14 项、12 项减排技术和管理措施待评估（问卷设计详见附录 2 至附录 5）。

3.2.2.2 第二轮问卷设计

本轮问卷的目的主要是作稳定性检验。为特别突出首轮未通过一致性检验

---

① 德尔菲法专家函调得到符建荣、邱建军、张卫峰、翁伯琦、张卫建、王松良、陈阜、姜丽娜、金庆生、丁艳锋、张国平、曹凑贵、张广斌；谭支良、卢德勋、廖新俤 16 位专家详细的问卷回复，他们严谨的科学态度和对晚辈学生的悉心指导以及鼓励使本人深受感动，也使本文的跨学科研究更具科学性。

的相关措施，使专家立即将注意力集中到首轮专家分歧较大的措施上，本研究对传统的德尔菲问卷做了改良，第二轮问卷由两部分构成，主体部分主要是体现首轮未通过一致性检验的措施，并要求专家针对修改或维持原评估给出详细说明；将首轮已通过一致性检验的统计结果作为附录，若专家在两回合中更改其判断，需说明更改理由。

3.2.2.3 第三轮问卷设计

本回合问卷仅针对未通过稳定性检验的措施再进行一次专家问卷发送，告知专家第二轮未通过稳定性检验措施的统计结果，并列举各专家更改或维持首轮选项的详细理由及该专家第二轮中所钩选的选项，询问其是否更改选项。直到所有措施均通过稳定性检验，德尔菲法函调即告结束，进入结果分析阶段。

3.3 问卷处理过程及结果分析

以下分别展示农田氧化亚氮减排、稻田甲烷减排、畜牧业甲烷和氧化亚氮减排德尔菲法评价结果，其中：农田氧化亚氮减排技术适用性筛选详细列出问卷整个调研反馈处理过程和评估结果，稻田甲烷减排及畜牧业甲烷和氧化亚氮减排技术适用性筛选只列出最终结果。

3.3.1 农田氧化亚氮减排技术清单及筛选

表 3.1 至表 3.5 以农田氧化亚氮减排措施不确定性评价为例，显示其德尔菲法问卷调研反馈处理过程。

表 3.1 首轮问卷结果

减 排 措 施	农田 N_2O 减排措施不确定性评价								
	1	2	3	4	5	6	7	8	是否通过一致性检验
降低化学氮肥施用	4	4	4	4	4	3	3	4	是
充分利用禽畜粪便作为氮素来源	2	2	2	3	3	2	2	2	是
有机肥（农家有机肥、沼渣、秸秆等）和化肥混施	4	2	4	4	4	4	3	4	是
（轮作、套作、间作）豆科等绿肥作物	4	5	5	1	4	4	2	4	否
测土配方施肥（配方肥）	4	4	4	4	3	4	3	4	是
应用矿物质氮肥	2	2	5	2	2	2	4	2	是
培育新型氮素高效利用农作物新品种	5	5	5	4	4	4	2	2	否
施用控释肥、长效肥	4	4	4	4	4	3	3	4	是

（续）

减 排 措 施	农田 N_2O 减排措施不确定性评价								
	1	2	3	4	5	6	7	8	是否通过 一致性检验
施用硝化抑制剂	4	4	4	4	4	2	2	4	是
氮肥深施	4	4	4	4	4	4	2	4	是
应用水肥一体化管理技术	3	5	3	5	3	3	3	3	是
改善土地排水系统	3	5	5	1	3	3	2	3	否
推广保护性耕作技术（少免耕，秸秆覆盖或还田等）	3	2	4	4	4	4	4	4	是
保持种植废弃物作为覆盖物，防止农田裸露	3	5	2	3	3	3	3	3	是
扩大长久轮作，防止农田裸露	2	2	2	4	2	4	2	2	是
种植深根灌木草类	3	5	5	5	5	5	1	5	是
完善农林复合生态系统	3	5	5	5	5	5	2	5	是
生物防控以减少化学除草剂和农药等投入	2	2	5	2	2	2	2	2	是

注：1～8 为专家代码。表中专家打分：1＝不确定性很高，2＝不确定性较高，3＝不确定性较低，4＝不确定性很低，5＝难以确定。

上述首轮农田 N_2O 减排措施确定性评估中有 3 项未通过一致性检验，需再作稳定性检验，因此进行第二回合问卷。

表 3.2　第二轮问卷结果

减 排 措 施	农田 N_2O 减排措施不确定性评价								
	1	2	3	4	5	6	7	8	是否通过 一致性检验
（轮作、套作、间作）豆科等绿肥作物	4	5	5	5	4	4	2	4	否
培育新型氮素高效利用农作物新品种	5	2	2	5	2	2	2	2	是
改善土地排水系统	3	5	5	5	3	3	5	3	否

对第二轮问卷回复进行分析，首轮通过一致性检验的措施均没有选项变动，首轮未通过一致性检验的措施均有选项变动，仍以农田 N_2O 减排措施不确定评估首轮未通过一致性检验的措施为例，其专家意见稳定性分析如表如表 3.3 所示。

表 3.3　第二轮问卷稳定性分析

减排措施	变更数	专家人数	变更率	稳定状况
(轮作、套作、间作) 豆科等绿肥作物	1	8	12.5%	稳定
培育新型氮素高效利用农作物新品种	2	8	25%	不稳定
改善土地排水系统	2	8	25%	不稳定

注：①变更数是指意见变更专家数。
②变更比率＝变更数/专家人数。
③稳定比率以 20% 为基准 (Murry J. W. & Hammons J. O.，1995)。

可以看出，培育新型氮素高效利用农作物新品种和改善土地排水系统变更比率超过 20%，没有通过稳定性分析，因此需对此两项措施作第三回合问卷。

表 3.4　第三轮问卷结果

减 排 措 施	农田 N_2O 减排措施不确定性评价								
	1	2	3	4	5	6	7	8	是否通过一致性检验
培育新型氮素高效利用农作物新品种	5	2	2	5	2	2	2	2	是
改善土地排水系统	3	5	5	5	3	3	5	5	否

对第三轮问卷回复进行分析，改善土地排水系统两项仍未通过一致性检验；再来作稳定性分析，其专家意见稳定性分析表 3.5 所示。

表 3.5　第三轮问卷稳定性分析

减排措施	变更数	专家人数	变更率	稳定状况
培育新型氮素高效利用农作物新品种	0	8	0%	稳定
改善土地排水系统	1	8	12.5%	稳定

第三轮问卷回复分析表明，所有措施均已通过稳定性分析，因此，修正式德尔菲法问卷在此回合结束。

由以上反馈处理结果，农田氧化亚氮减排措施初始清单共包括养分管理、农学、耕作和废弃物管理、水和土壤管理 4 大项共 18 个子项，专家筛选出来的具有适用性的措施共 6 项 (表 3.6)。由表 3.6 可以看出，农田减排适用性技术侧重养分管理 (化肥的合理使用与减少单位产量的化肥投入) 和耕作制度。

表 3.6   农田 N_2O 减排措施初始清单以及包括（或排除）在最终清单中的原因

措　施	是否包括在最终清单中
农田管理：养分管理	
降低化学氮肥施用	是
充分利用禽畜粪便作为氮素来源	否——不确定性高且减排潜力较小
有机肥（农家有机肥、沼渣、秸秆等）与化肥混施	是
（轮作、套作、间作）豆科等绿肥作物	否——不确定性高
测土配方施肥（配方肥）	是
应用矿物质氮肥	否——不确定性高且减排潜力较小
培育新型氮素高效利用农作物新品种	否——不确定性高
施用控释肥、长效肥	是
施用硝化抑制剂	否——不确定性高
氮肥深施	是
农田管理：农学	
扩大长久多样化轮作，防止农田裸露	否——不确定性高且减排潜力较小
种植深根灌木草类	否——不确定性高
完善农林复合生态系统	否——不确定性高
生物防控以减少化学除草剂和农药等投入	否——不确定性高
农田管理：耕作和废弃物管理	
推广保护性耕作技术（少免耕、轮耕、秸秆覆盖或还田等）	是
保持种植废弃物覆盖，防止农田裸露	否——不确定性高且减排潜力较小
农田管理：水和土壤管理	
应用水肥一体化管理技术	否——不确定性高
改善土地排水系统	否——不确定性高

专家们针对各减排技术和管理措施在首轮备注栏和第二、三轮问卷调查中修改或坚持判断的说明：

（1）降低化学氮肥施用。75％的专家认为利用氮肥作为氮素来源不确定性高。张卫峰指出：粪肥养分不确定性主要受粪肥储存和管理方式影响。翁伯琦指出：稻田氧化亚氮排放量与有机肥施用量呈正相关，但有机肥的腐熟程度对稻田温室气体有较大影响；施用腐熟有机肥比施用新鲜农家肥和秸秆条件下土壤氧化亚氮排放量更低。

（2）（轮作、套作、间作）豆科等绿肥作物。多数专家认为豆科等绿肥作物轮作、套作和间作虽已应用于生产实践中，但需增加原料和人工成本投入，会影响农户采用意愿。邱建军强调是否种绿肥取决于种绿肥的目的，技术本身没有难度，关键是农民的意愿。如为了减排，农民较难采用；如可以少用化肥，农民较易采用。翁伯琦特别指出：豆科绿肥具有固氮潜力，同时豆科绿肥可为土壤微生物提供生长所需的元素及能量需求，从而促进土壤反硝化作用的进行，但是豆科作物氧化亚氮排放量显著高于非豆科作物。豆科绿肥与作物套作或间作，能否减排 N_2O，国内至今仍未见报道。邱建军亦指出：豆科作物有固氮作用，但固氮能减少多少氮肥投入从而达到间接减排作用未见报道。豆科绿肥与作物轮作，熊正琴研究认为夏季豆科作物 N_2O 排放量显著高于非豆科作物，冬季种植豆科作物可显著降低稻田以及旱地农田 N_2O 的排放量。但在国外的相关研究中，轮作豆科可以促进土壤 C 贮存，通过生物固氮降低氮肥的投入从而降低 N_2O 排放的结论已经得到共识（Izaurralde R. C.，et al，2001；West T. O.，et al，2002；Rochette P.，2005；Soussana J. F.，et al，2004）。

（3）应用矿物质氮肥。张卫峰强调减排潜力与矿物质氮肥的用量、用法直接相关；这与 Mac Leod M.，et al（2010）提出的正确利用矿物氮肥、改善矿物氮肥应用的观点一致。翁伯琦特别指出：矿物质氮肥用量要考虑土壤碳氮比，一般土壤微生物适宜的有机质 C/N 为 25～30：1，若 C/N 大于 25～30：1，会使土壤中有效氮减少，有机质转化慢，氧化亚氮排放受抑制，若 C/N 小于 25～30：1，则微生物活性强，氮可被矿化并产生氧化亚氮，促进氧化亚氮的排放。

（4）培育新型氮素高效利用农作物新品种。氮素高效利用农作物新品种包括同等供氮水平吸收量大的农作物和吸收单位氮素产生干物质多的农作物。翁伯琦指出：虽然已选育出部分的氮素高效利用农作物新品种并应用于生产中，但应用这些新品种是否能减排 N_2O 在中国至今未见报道。Mac Leod M.，et al（2010）指出通过种植品种提高氮利用效率减排潜力大，但结论得出也是来自专家评估，不是来自实地监测和试验。

（5）施用硝化抑制剂。施用硝化抑制剂能减少农田土壤氧化亚氮排放，但专家们认为还没有关于硝化抑制剂环境影响的报道。

（6）氮肥深施。翁伯琦指出氮肥深施或施肥后灌水可有效地降低氮肥的损失（提高氮肥利用率）和氧化亚氮排放。张卫峰指出施肥深度应为 10～15 厘米，过深易增强反硝化作用。多数学者认为氮肥深施需要配套机械和技术，也会增加人工成本投入，在一定程度上会抑制农户采纳意愿。

（7）完善农林复合生态系统。多数专家认为，引进高生产力和深根的草类以及农林复合生态系统可增加土壤碳汇，但对 N_2O 和 CH_4 的影响还不很清楚。

（8）生物防控以减少化学除草剂和农药等投入。专家们认为生物防控以减少化学除草剂和农药等投入基本是通过更少的能源密集投入从而降低整体排放，但是目前对该项措施的减排潜力未见报道。同时认为该项措施的最大障碍是技术可行性较低，且从农户采用难易程度角度，生物防治需要技术，需增加成本投入，比用除草剂和农药要难得多，农户可能更认可见效快的农药。

（9）推广保护性耕作技术（少免耕、轮耕、秸秆覆盖或还田等）。参与调查的专家们认为保护性耕作对于减排农田 N_2O 确定性较高、技术可行性较高、减排潜力较大；还特别强调了免少耕具有较强的固碳作用。但是对于产量的影响提出了特别关注，邱建军认为采取保护性耕作措施短期内产量肯定会下降，长期的效果会不同；谢瑞芝等研究认为，中国保护性耕作技术的产量平均增产 12.51％，但也有 10.92％数据显示减产，其中少免耕的减产概率较高。张卫峰在该项技术农户采用难易程度方面特别强调：该项措施需要配套机械和病虫害防治技术、杂草控制技术、秸秆腐熟技术，需要政府补贴和综合技术配套推广。

（10）保持种植废弃物覆盖，防止农田裸露。专家们认为：保持系统耕作废弃物通常导致土壤 C 积累，提高土壤有机质含量，但是对 N_2O 排放的影响因土壤和气候条件而异。这个结论与 West T. O.，et al（2002）；Alvarez R.（2005）；Ogle S. M.，et al（2005）的研究结论完全一致。张卫峰特别指出该项措施若实施必须考虑农田病虫草害的影响。

（11）应用水肥一体化管理技术。邱建军指出：N_2O 排放的高峰出现在水和肥事件结合在一起的阶段，水肥一体化某种程度上会促成高排放。翁伯琦提出水肥一体化管理技术已应用于农业生产中，但水肥一体化对 N_2O 减排至今未见报道。多数专家认为该项技术在提高氮肥利用效率方面有一定作用，尤其在经济作物中更易得到应用。

（12）改善土地排水系统。翁伯琦研究团队的许多研究表明，随土壤含水量的升高，土壤 N_2O 排放量随之升高，N_2O 排放的最大值出现在 45％～75％的充水孔隙率，而在淹水条件下 N_2O 排放很少。水稻田的 N_2O 排放主要集中在水分变化剧烈的干湿交替阶段，稻田排干烤田期会使 N_2O 排放大大增加。因此，改善土地排水系统，可能会增加 N_2O 的排放。这与国外的相关研究结论一致：Lal R.（2004）指出用更有效的灌溉手段能扩大产量和剩余物返还。但是在水的运输中能源的使用又增加了 CO_2 排放（Schlesinger W. H.，1999；Mosier，A. M.，et al，2005）以及高湿度条件下 N_2O 排放（Liebig M. A.，et al.，2005）。湿润地区农业土地排水促进生产力，或许由于厌氧条件增加了 N_2O 排放压力（Monteny G. J.，et al，2006）。多数专家认为此项工作属于农田水利范畴，更多的应该是由政府主导完成而不是农户独立完成。

3.3.2　稻田甲烷减排技术清单及筛选

稻田甲烷减排措施初始清单共包括水肥管理、品种选择、耕作制度 3 大项共 14 子项，专家筛选出来的具有适用性的措施共 6 项。由表 3.7 可以看出，稻田减排适用性技术侧重水分管理和品种筛选。

表 3.7　稻田 CH_4 减排措施初始清单以及包括（或排除）在最终清单中的原因

措　　施	是否包括在最终清单中
水　肥　管　理	
推广湿润灌溉和间歇灌溉	是
生长期间歇式排水与烤田相结合	是
测土配方施肥（配方肥）	否——不确定性高且减排潜力较小
有机肥（农家有机肥、沼渣、秸秆）和化肥混施	否——不确定性高且减排潜力较小
有机质添加时期（休闲期或水稻种植期）	是
脲酶抑制剂和硝化抑制剂与氮肥混施	否——不确定性高且减排潜力较小
研制和应用肥料型/农药型甲烷抑制剂	是
研制和应用缓释/控释肥和长效肥	否——不确定性高且减排潜力较小
生物防控以减少化学除草剂和农药等投入	否——不确定性高
品　种　选　择	
筛选水稻品种（低渗透率水稻品种、氮素高效利用新品种等）	是
耕　作　制　度	
稻油、稻麦等水旱轮作	是
水稻覆盖旱作技术	否——减排潜力较小
稻田免耕（秸秆还田＋少、免耕）与轮作相结合	否——减排潜力较小

专家们针对各减排技术和管理措施在首轮备注栏和第二、三轮问卷调查中修改或坚持判断的说明：

（1）推广湿润灌溉和间歇灌溉。专家们一致认为该项措施减排稻田 CH_4 排放确定性高、技术可行性较高、减排潜力较大且会带来产量小幅上升。如金庆生认为湿润灌溉方式和间歇灌溉稻田的 CH_4 排放量显著低于全生育期持续淹水条件下的 CH_4 排放量。蔡祖聪研究团队成员张广斌认为如将常年淹水稻田进行改造，减排潜力巨大，同时指出间歇灌溉已经得到较全面的推广，但湿润灌溉推广起来有一定难度。国内外相关研究也表明在水稻生长期一次或多次排水可有效降低 CH_4 排放（Smith K. A. & Conen F.，2004；Yan X.，et al，2003）。但是从该项措施农户采用难易程度来看，丁艳锋指出：缺水正越来越普遍，其研究团队在四川和黑龙江等地开展的高产稻作技术示范工作中发现，绝大多数农民不愿意采用上述高产栽培的水分管理方式；且我国农业技术推广体系不健全，何时灌溉、何时排水缺少科学指导，故认为单独依靠农户采纳此措施较难。张国平亦提出此项措施涉及排灌系统和农民工用工问题，农户采用较难。

（2）生长期间歇式排水与烤田相结合。水稻生长中期排水烤田效果最优。需特别注意的是，水稻生长不同时期，CH_4 可以通过改善水管理得到降低，特别是保持土壤干燥、防止水浸（Cai Z.C.，et al，2000，2003；Kang G.D.，et al，2002；Xu H.，et al，2003）。翁伯琦特别指出稻田土壤淹水时很少排放 N_2O，而在非淹水状态大量排放 N_2O，因此减排效果需考虑措施在水稻整个生长周期 CH_4 和 N_2O 综合排放情况，这需要农业生产系统实地和长期的监测和试验的尽快完善和补充。

（3）有机肥和化肥混施，脲酶抑制剂和硝化抑制剂与氮肥混施，研制和应用缓释/控释肥和长效肥。专家们认为这些措施主要是针对直接或间接减少氮肥施用量从而减少（或抑制）N_2O 排放的，对采用这些措施 CH_4 排放的影响未见报道。丁艳锋特别指出研制和应用缓释/控释肥和长效肥不适合稻田，更适合旱地；针对有机肥（农家有机肥、沼渣、秸秆）和化肥混施指出目前农村很少堆制有机肥，且主要用在经济作物上，很少用于大田作物。

（4）研制和应用肥料型/农药型甲烷抑制剂。金庆生指出肥料型甲烷抑制剂减少 CH_4 形成的基质/农药型甲烷抑制剂降低 CH_4 排放和抑制害菌生长。

（5）生物防控以减少化学除草剂和农药投入。专家们指出植保和甲烷排放是两个独立的过程，目前未见生物防控对 CH_4 排放影响的相关研究。

（6）筛选水稻品种。江长胜等（2005）通过在我国五大稻作产区稻田 CH_4 排放的野外观测得出：稻田向大气排放 CH_4 80%～90%是通过水稻植株来完成的。黄耀指出不同水稻品种可导致稻田甲烷排放 1.5～3.5 倍的差别；丁艳锋指出品种是最好的减排方式，高产品种事实上也是减排品种，至少在单位产量的甲烷排放上是小的。

（7）水稻覆盖旱作技术。从原理方面，金庆生等专家指出水稻覆盖旱作技术利用稻草、薄膜等覆盖物保持稻田湿润状态，提高稻田土壤通气性，降低稻田 CH_4 排放。从农户采用难易程度方面，丁艳锋指出这项技术仅限于研究、示范田，一是不合乎水稻高产栽培的基本要求；二是过于麻烦、费时、费力且投入较高，不可能推广。

（8）稻田免耕与轮作相结合。关于该项措施专家们建议分开考虑，一是与水稻轮作的旱地作物实行免耕或少耕可改善稻田土壤结构和提高土壤肥力利用率，同时丁艳锋等指出大面积推广免耕不适合我国国情，确保粮食安全是我国农业的永恒主题，而精耕细作是确保粮食高产的唯一途径。但是对于轮作，特别是水旱轮作是我国粮食主产区—长江中下游的主要的也是传统耕作制度，是可以兼顾高产和减排的。蔡祖聪研究团队成员张广斌指出：大量研究结果表明，水稻种植前旱作次数越多，水稻生长期 CH_4 排放越小；改善常年淹水稻田排水设施、大幅减少常年淹水稻田面积、改一年一季稻为一水一旱能明显降低我国稻田 CH_4 排放。

3.3.3　畜牧业减排技术清单及筛选

畜牧业减排措施初始清单共包括减少牲畜肠道发酵甲烷排放和减少禽畜粪便甲烷和氧化亚氮排放 2 大项 12 子项，专家筛选出来的具有适用性的措施共 6 项。由表 3.8 可以看出，畜牧业减排适用性技术侧重饲料管理和粪便管理。

表 3.8　畜牧业减排措施初始清单以及包括（或排除）在最终清单中的原因

措　　施	是否包括在最终清单中
减少牲畜肠道发酵 CH_4 排放	
合理搭配日粮精/粗料比	是
通过青贮、氨化等措施处理饲料秸秆	是
通过切碎、制粒等措施处理饲料秸秆	是
使用多功能舔砖或营养添加剂（如大蒜素、茶皂素、莫能菌素等）	是
日粮中添加植物脂肪和高级脂肪酸	否——不确定性高且减排潜力较小
采用少量多次饲喂方式	否——减排潜力较小
改良和推广高生产力牲畜品种	是
减少禽畜粪便 CH_4 和 N_2O 排放	
改湿法清粪为干法清粪工艺	否——减排潜力小
建设集约化、标准化养殖场	否——减排潜力小
在贮存过程中添加卵石、秸秆等覆盖物	否——减排潜力较小
以禽畜粪便为原料建设液体粪污沼气项目	是
以禽畜粪便为原料建设固体粪便有机肥厂	否——减排潜力小

专家们针对各减排技术和管理措施在首轮备注栏和第二、三轮问卷调查中修改或坚持判断的说明：

（1）合理搭配日粮精/粗料比。董红敏指出：日粮中精粗比不仅影响饲养成本也直接影响反刍动物生产水平和甲烷排放量。樊霞等研究表明，饲喂肉牛不同粗饲料类型时，甲烷排放量从大到小依次为：干玉米秸、稻草、紫花苜蓿；日粮粗饲料越多，肉牛的甲烷排放量越大。韩继福等研究了不同日粮的纤维消化和瘤胃 VFA 对甲烷产量的影响，结果表明维持营养水平下精粗比为75：25 时甲烷产量明显减少。董红敏综合考虑了甲烷排放和代谢疾病等实际应用方面，认为精粗比在 50：50 左右是可行的。廖新俤和曹珍指出在保证家畜生产力和不增加生产成本的前提下，日粮控制（包括粗精料搭配的最佳比例和对草料加工处理）是当前控制反刍动物甲烷排放的比较可行的减排方式。

（2）通过青贮、氨化、切碎、制粒等措施处理饲料秸秆。谭支良指出：干草粉碎和制粒、稻草的氨处理以及玉米等饲草的青贮和微贮都能有效提高饲料利用率，减少甲烷产生。董红敏研究表明秸秆氨化改善反刍动物营养可降低单个肉牛甲烷排放 15％～30％。

（3）使用多功能舔砖或营养添加剂。多功能舔砖以尿素、矿物质、微量元素、维生素等为主要成分，澳大利亚等国外的试验证明，使用舔砖可提高日增重 10％～30％，相对减少单位畜产品的甲烷排放量 10％～40％。另外通过添加莫能菌素可减少瘤胃中产甲烷菌的数量从而减少甲烷产量。但专家们也指出，采用此项措施可能由于成本相对较高影响农户采用，故可通过扩大宣传使农户了解该措施增产效果或通过政府补贴激励该措施被农户采用。

（4）改良和推广高生产力牲畜品种。廖新俤指出我国畜牧业生产水平相对较低，通过选育牲畜品种（产肉、奶量高且低甲烷排放的基因畜种）加以推广，甲烷减排的潜力巨大。IPCC 调查报告亦显示，研发和推广高牲畜生产力的畜种可以减少动物胃肠道甲烷排放总量的 10％～30％。

（5）改湿法清粪为干法清粪工艺，建设集约化、标准化养殖场，以禽畜粪便为原料建设固体粪便有机肥厂。这三项措施专家一致认为减排确定性高、可行性强、减排潜力较大以及会带来产量小幅上涨或不变，但是从适用对象来看主要是规模化养殖场，单独小农户采用极其困难。

3.3.4 农业源温室气体减排技术体系及其释义

由上述问卷结果得出，农田氧化亚氮减排、稻田甲烷减排、畜牧业甲烷和氧化亚氮减排各有 6 项技术和管理措施 5 项评估内容均通过一致性检验（通过一致性检验的措施分为两类，一类是具有适用性的，即措施的效果确定性强、技术可行性强、减排潜力大、对产量有增产或稳产影响、农户易于采纳；另一类是目前缺乏适用性的，即 5 项评估内容表现出较差的综合效应。上述分析中通过一致性检验的措施均指第一类）。其他措施在 5 项评估内容中均有若干项未通过一致性检验，有些措施的某项评估内容一致性较低甚至是截然不同的（如：改善土地排水系统减排氧化亚氮的确定性一致性仅为 50％，评估者分为两大派，分别认为该项措施减排的不确定性较低和难以确定），究其原因可能是农业源温室气体减排问题在我国系统研究的起步较晚，且减排效果受区域分异导致的土壤、气候（光温水）、耕作习惯等多种因素影响，加之我国农业生产系统实地和长期监测和试验体系还不完善，故专家们根据各自研究团队的相关田野实验或个人经验判断得出了不同评判结果。

基于上述农田、稻田和畜牧业农业源温室气体减排技术德尔菲专家法专家评估，编制具有适用性的农业源温室气体减排技术和管理措施最终清单见表 3.9。

3.4 基本结论

本章应用修正式德尔菲法专家评估和推介，较以往研究偏重于单一技术试验效果分析而言，得到 3 大类 18 项具有适用性的整套农业减排技术和管理措施，结果表明：农田减排适用性技术侧重养分管理和耕作制度；稻田减排适用性技术侧重水分管理和品种筛选；畜牧业减排适用性技术侧重饲料管理和粪便管理。筛选出的适用性技术可作为我国农业减排技术推广优先考虑的项目。

在筛选出的 18 项农业减排适用性技术中，专家们对品种减排前景表现出积极的预期，如农田"培育新型氮素高效利用农作物新品种"、稻田"筛选低渗透率水稻新品种"、畜牧"选育高生产力牲畜品种"。可见，高产减排品种的选育推广应成为我国农业减排技术体系的重点。

此外，在函调过程中，专家们对确定性大、可行性强、减排潜力大的减排技术的农户采纳意愿给予了特别关注，认为影响农户采纳的因素主要有两点：一是一些减排技术是劳动密集型技术，而劳动力成本越来越高，限制了农户采纳，且相对于减排，农户更关心产量；二是一些减排技术需辅之以较强的农业技术推广，而我国目前农技推广体系还很难达到要求。

表 3.9　农业源温室气体减排适用性技术和管理措施最终清单及其释义

措　施	释　义
农田（旱地）减排 N_2O	
降低化学氮肥施用	避免氮肥过量施用，提高氮肥利用效率，从而降低系统 N_2O 排放。
有机肥（农家有机肥、沼渣、秸秆等）与化肥混施	尽可能利用各种有机肥，提高土壤有机质含量，据此调整化学氮肥用量，从而降低系统 N_2O 排放。
测土配方施肥（配方肥）	根据作物需肥规律、土壤供肥性能和肥料效应，提出施肥数量、施肥时期和施肥方法，通过调节土壤与作物养分平衡提高氮肥利用效率，从而降低系统 N_2O 排放。

（续）

措　施	释　义
农田（旱地）减排 N_2O	
施用控释肥、长效肥	降低氮肥挥发损失量，延长其肥效期，提高氮素利用率，从而降低系统 N_2O 排放。
氮肥深施	相对于表施，化肥深施 10 厘米左右还原层，可减少氮素的挥发、淋溶及反硝化脱氮损失，保肥效果好，从而降低系统 N_2O 排放。
推广保护性耕作技术（少免耕、轮耕、秸秆覆盖或还田等）	减少耕作次数、多样化轮耕、增加秸秆还田数量，能增加土壤有机碳含量，培肥地力，从而降低对外部化学肥料投入的需求。
稻田（水田）减排 CH_4	
推广湿润灌溉和间歇灌溉	改变稻田的水分状况，改变甲烷菌生存的厌氧环境，从而控制 CH_4 的产生和排放。
生长期间歇式排水与烤田相结合	基本原理同上。
有机质施用时期（休闲期或水稻种植期）	休闲期而非水稻种植期施用有机质明显抑制 CH_4 排放。
研制和应用肥料型、农药型甲烷抑制剂	液体状肥料型甲烷抑制剂（称为 AMI-AR2）减少 CH_4 形成的基质/农药型甲烷抑制剂降低 CH_4 排放和抑制害菌生长。
筛选水稻品种（低渗透率水稻品种、氮素高效利用新品种等）	稻田甲烷排放和水稻的生物总量成反比关系，生物量大的水稻品种可以把更多的碳固定在水稻植株中，从而减少甲烷排放。
稻油、稻麦等水旱轮作	可有效降低田间产甲烷菌数量，从而减少稻田 CH_4 排放。
畜牧业减排 CH_4 和 N_2O	
合理搭配日粮精/粗料比	控制日粮中粗纤维素含量，从而降低瘤胃 pH，抑制甲烷产生菌的活性，从而降低 CH_4 产生量。
通过青贮、氨化等措施处理饲料秸秆	有效提高秸秆的适口性和消化率，提高饲料利用率，减少单个牲畜 CH_4 排放。
通过切碎、制粒等措施处理饲料秸秆	破坏秸秆细胞壁，瘤胃食糜的流出速率加快，缩短了饲料中纤维在瘤胃或大肠中的滞留时间，从而减少 CH_4 生成。
使用多功能舔砖或营养添加剂（如大蒜素、茶皂素、莫能菌素等）	提高日增重，相对减少单位畜产品的甲烷排放量；或可直接抑制瘤胃中产甲烷菌的数量，从而减少 CH_4 产量。
改良和推广高生产力牲畜品种	提高牲畜生产力，降低单位畜产品 CH_4 排放。
以禽畜粪便为原料建设液体粪污沼气工程	减少液体粪污贮存过程，通过厌氧发酵回收甲烷，且沼气替代煤炭减少温室气体排放。

第4章 农户适用性低碳技术的采纳研究

在明确了低碳农业适用性技术体系后，本章将深入分析农户对上述减排技术的采纳意愿和影响因素，通过第3章适用性技术筛选和本章适用性技术采纳，完成对低碳现代农业分析框架中技术应用的实证分析。水稻是我国第一大粮食作物，稻田甲烷减排是农业源温室气体减排的重要组成部分，因此本章以稻农对稻田甲烷减排技术及管理措施采纳影响因素分析为研究对象。本章所指的稻田减排技术和管理措施系指第3章德尔菲法筛选出的具有适用性的由水肥管理、品种选择、耕作制度三大项，湿润灌溉和间歇灌溉、生长期间歇式排水与烤田相结合、有机质添加时期、应用肥料型/农药型甲烷抑制剂、筛选低渗透率/氮素高效利用水稻品种、水旱轮作六子项构成的稻田一体化减排技术体系。

技术采纳分析在农业经济领域属于一个较大研究分支，自 Ruttan R. (1977) 和 Dalrymple D. G. (1978) 研究现代水稻新品种技术采纳以来，主流农业经济期刊刊发了数以百计的不同地区、不同技术农户采纳理论和实证研究成果。基本研究范式是将是否采纳作为被解释变量，应用 Probit/Logit（二元选择）或 Multinomial Logit（MNL，多元选择）等模型，估算一系列解释变量对技术采纳行为的相关系数，在此基础上提出技术采纳和推广的政策建议。本研究农业减排技术和管理措施的采纳属于环境友好型技术采纳分支，已有研究主要集中在化肥减量施用、农药安全选配、测土配方施肥、保护性耕作等技术采纳方面（徐卫涛等，2010；毛飞等，2011；葛继红等，2010；汤秋香等，2009），目前对农业减排技术采纳的相关研究几乎空白。且已有的研究均属于单一技术采纳问题，而稻田减排技术是一组相关联的技术所构成的技术体系，客观上农户确实有可能选择一种以上的减排技术，Rahelizatovo N. C. & Gillespie J. M. （2004）对奶牛饲养一体化技术采纳数量进行了实证研究、Isgin T.，et al（2008）探究了影响农户精准农业技术采纳数量的相关因素、Mariano M. J.，et al（2012）分析了影响菲律宾农户现代水稻高产栽培技术体系采纳数量的影响因素，采用的分析工具均为计数模型（count data model），目前国内对农户技术体系采纳数量及其影响因素的相关研究尚不多见。因此，从方法角度出发，首先，应用二元选择模型分析稻农是否愿意采纳稻田减排技术；其次，应用计数模型分析稻农减排技术采纳频率（数量）和影响其采纳数量的相关因素，为此类问题的深入研究提供文献补充和拓展。

4.1 研究方法与模型设定

4.1.1 二元选择模型

本研究采用二元 Logit 模型分析稻农对稻田减排技术采纳意愿，该方法广泛应用于农户对新技术采纳"是""否"问题分析上。在本研究中，农户被问是否会采纳一系列农业减排技术和管理措施（对应问卷的问题 40），目的是试图揭示影响农户"是""否"采纳的影响因素，进一步，更重要的是掌握每种影响因素的影响程度大小。本研究采用二元选择模型常见形式为（Greene W. H.，2005；Hill R. C.，et al，2008）：

$$\ln\left(\frac{p_i}{1-p_i}\right) = \alpha + \sum_{k=1}^{n} \beta_k x_k \tag{1}$$

式中，p_i 为代表采纳的概率，α 为常数项，β_k 为回归系数，x_{ki} 为解释变量。一般用普通最小二乘法对回归系数 β_k 进行估计，用极大似然估计法（似然比指数）度量模型的拟和优度[①]。

进一步，估计解释变量的边际效应，其内涵为：在其他变量保持不变的条件下，某一解释变量每变动一个单位，对稻农减排技术采纳意愿可能性的影响，由下列公式表示：

$$\frac{\Delta p_i}{\Delta x_i} = \frac{\partial p_i}{\partial x_i} \tag{2}$$

4.1.2 计数模型

分析技术采纳另一种方法是应用计数模型分析相互关联技术所构成的技术体系的采纳问题（例如：有害生物综合防治技术、土壤保护技术、精准农业技术等）。这种方法的优点在于考察农户对一组相互关联技术的采纳情况（包括采纳可能性及采纳数量），从而能提供全面的技术选择决策和农户行为特征；缺点在于认为技术组合中所有技术是同等重要的，而实际中一些技术的重要性明显高于其他技术。即使存在局限，计数模型在分析技术采纳数量（又称采纳密度）方面仍不失为一个非常有用的分析工具。Ramirez O. A. &Shultz S. D.（2000）；Rahelizatovo N. C. &Gillespie J. M.（2004）；Kim S. A.，et al（2005）；Isgin T.，et al（2008）应用该方法对多种一体化技术体系的采纳数

---

① 余建英. Logistic 模型及最大似然估计法. 北京：人民邮电出版社，2003：237 - 249.

量问题进行了深入研究。本研究稻田温室气体减排技术和管理措施是由品种选择、水肥管理、耕作方式构成的技术体系，通过德尔菲法筛选出来的 6 种适用性措施相互关联共同影响稻田系统温室气体排放、稻田产量以及其他环境外部性，因此采用计数模型方法分析影响稻农减排技术采纳可能性以及采纳数量及其影响因素的问题是合适的。

4.1.2.1　模型设定与参数估计

基于上述计数分析思想应用的统计模型主要有泊松回归模型（poisson regression model）和负二项回归模型（negative binomial regression model）等，其中最为常见的是泊松回归模型[①]。本研究运用泊松回归模型分析影响稻农减排技术和管理措施采纳数量的相关因素，模型因变量（y）表示农户采纳数量，即：$y = 0,1,2,3,\cdots,N$（$N=6$），泊松分布的密度函数基本形式为：

$$f(y_i \mid x_i) = p(Y_i = y_i) = \frac{e^{\lambda}\lambda^y}{y!}, \quad y = 0,1,2,3,\cdots,N \quad (3)$$

式中：y_i 为农户减排技术的采纳数量，x_i 为影响农户采纳的因素。其中该模型最关键的假设条件为：y_i 的条件均值等于条件方差，即：$E(y_i \mid x_i) = Var(y_i \mid x_i) = \lambda_i$。由于 λ_i 表示泊松分布的均值和方差，因此 $\lambda_i > 0$。一般将 λ_i 表示为指数函数：

$$E[y_i \mid x_i] = \lambda_i = \exp(x'_i\beta) \quad (4)$$

即：$\ln[E(y_i \mid x_i)] = \ln\lambda_i = x'_i\beta = \beta_1 x_{1i} + \beta_2 x_{2i} + \beta_3 x_{3i} + \cdots + \beta_k x_{ki}$

其中：x'_i 为自变量向量（$k \times 1$），β 为待估参数。

根据（4）式，x_i 对 $E(y_i \mid x_i)$ 的边际作用为：

$$\frac{\partial E(y_i \mid x_i)}{\partial x_i} = \lambda_i\beta$$

$$\frac{\partial E(y_i \mid x_i)}{\partial x_i} \frac{1}{E(y_i \mid x_i)} = \beta$$

$$\frac{\partial \ln[E(y_i \mid x_i)]}{\partial x_i} = \beta$$

因此，泊松回归系数 β 可以被解释为：在控制其他变量的条件下，x_i 变化 1 个单位，将带来对数均值上的变化量。然而本研究真正关心的并不是取对数的均值，而是期望计数（即率）本身。因此，可以用 $\exp(x'_i\beta)$ 来反映 x_i 变化 1 个单位时期望计数的倍数变化，$\exp(x'_i\beta)$ 又称为发生率比（IRR）。当然，这是针对连续自变量而言。当自变量为代表分类的虚拟变量时，

[①] 泊松分布特别适用于：因变量是离散的非负整数且数值小，取零的个数较多且自变量大多是表示属性的名义变量的情况。

$\exp(x'_i\beta)$ 表示在控制其他变量的条件下，某一类别的期望计数为参照类期望计数的相应倍数。可通过最大化其对数似然函数得到参数 β 的估计量。其对数似然函数形式如下：

$$\ln L(\beta) = \ln\left[\frac{e^{\lambda}\lambda^y}{y!}\right] = -\lambda + y_i\ln(\lambda) - \ln(y_i!)$$
$$= -\exp(x'_i\beta) + y_i(x'_i\beta) - \ln(y_i!) \tag{5}$$

4.1.2.2 过度分散检验

值得注意的是：泊松回归模型致命弱点是其假设实际观测到的自变量均值与方差相等（McCullagh P. & Nelder J. A.，1989；Gurmu S. & Trived P. K.，1996，1997，1998；Cameron A. & Trivedi P. K.，1998；Faria A.，et al，2003）。然而，实际计量中常出现不满足上述等离散假定的情况，违背等离散假定的情况既可能是过离散（over-dispersion，即方差大于均值），也可能是欠离散（under-dispersion，即方差小于均值）。当过离散出现时，真实的方差会被低估，这将会错误的表现出数据中原本不显著的差异；当欠离散出现时，真实的方差会被高估，这样可能无法检验出组间分布的真实差异，参数的置信区间也会给得过大[①]。

泊松分布的过离散型数据在现实中较为常见，实际观测到的方差一般大于均值可能的原因是不可观测的异质性（McCullagh P. & Nelder J. A.，1989；Cameron A. & Trivedi P. K.，1998）。Cameron A. & Trivedi P. K.（1990）提出了一些关于检验数据是否过度分散的不同方法，其中较为简单的一种方法是检验如下假设：

$$H_0 : Var(y_i) = E(y_i)$$
$$H_1 : Var(y_i) = E(y_i) + \alpha g[E(y_i)]$$

为了检验上述假设，建立如下回归：

$$(y_i - \hat{\lambda}_i)^2 - y_i = \alpha_1\hat{\lambda}_i^2 + v_i$$

上式也可以写为：

$$\hat{u}_{si} - y_i = \alpha_1\hat{\lambda}_i^2 + v_i \tag{6}$$

式中：$\hat{u}_{si}$ 表示标准化的残差。$\hat{\lambda}_i$ 是原泊松分布（可以含常数项也可不含常数项）的预测值。如果原假设成立，那么式中的 $\alpha_1 = 0$，通过 t 统计量即可检验 H_0。如果 α_1 显著为正，表明原泊松模型存在明显过度离散。

4.1.2.3 模型拟合优度评价

模型拟合的输出结果一般都会给出对数似然值，由于该值会受到样本量大

---

① 通常建立模型如线性回归都基于均值，因此方差违反假定分布并不影响参数估计效率，但在区间估计和假设检验时就会出现问题。

小的影响，因而不能单独用作对模型拟合优度评价的指标。对同一数据拟合不同的模型就可以得出不同的对数似然比值，如果这些模型之间存在嵌套关系，那么一般采用似然比指数 G^2 对不同模型的拟合优度做出评价，从而对模型进行选择。其基本做法是：泊松回归模型假定均值等于方差，则可将其看作是约束模型；而将不含此限制的模型（例如负二项分布）作为无约束模型，分别计算在约束和无约束条件下的最大似然值，然后计算二者的对数似然函数是否足够接近。以 L_{NBM} 表示负二元回归模型的似然值，L_{PRM} 表示泊松回归模型的似然值，那么，一般的似然比检验表示为：$G^2 = 2 (L_{PRM} - L_{NBM}) \sim \chi_k^2$，其中，$k$ 为限制模型（泊松）与非限制模型（负二项）协变量数目的差值。这里零假设为限制模型与非限制模型无差异。统计软件很可能只会给出每一个模型的对数似然值，在这种情况下，需要计算 χ_k^2 的值，如果 $\chi_k^2 > \chi_{c,k}^2$，那么就拒绝零假设，认为限制模型对数据的拟合优于非限制模型[①]。

估计负二项回归模型似然值的对数似然函数形式为：

$$\ln L(\alpha, \beta) = \sum_{i=1}^{n} \Big\{ \sum_{j=0}^{y_i-1} \ln(j + \alpha^{-1}) - \ln(y_i!)$$
$$- (y_i + \alpha^{-1}) \ln[1 + \alpha \exp(x'_i \beta)] + y_i \ln \alpha + y_i (x'_i \beta) \Big\} \quad (7)$$

其中：L_{NBM}、L_{PRM}、α 分别由式（3）、（5）和（4）得出，β 为待估参数。

4.1.2.4 模型参数估计的实现手段

泊松回归模型的参数估计采用最大似然法或者迭代重复加权最小二乘法求解。以前，这些计算一般是通过专门用于对广义线性模型进行统计分析的 GLIM 软件包来进行（Trussell J. & Rodriguez G.，1990；Rodräguez G. & Cleland J.，1988）。现在，SAS 和 Stata 等常见的统计分析软件都可以对泊松回归模型进行估计。

4.1.3 逐步回归

逐步回归的基本思想是：对全部因子按其对 y 影响程度大小（偏回归平方的大小）从大到小地依次逐个地引入回归方程，并随时对回归方程当时所含的全部变量进行检验，看其是否仍然显著，如不显著就将其剔除，直到回归方程中所含的所有变量对 y 的作用都显著时，才考虑引入新的变量；再在剩下的未选因子中，选出对 y 作用最大者，检验其显著性，显著的，引入方程，不显著的，则不引入；直到最后再没有显著因子可以引入，也没有不显著的变

---

① 关于模型拟合优度评价的详细介绍，可参见 Long S. J.（1997）或 Powers D. A. & Xie Y.（2000）。

量需要剔除为止。其基本步骤为：

步骤一：计算变量均值 $\bar{x}_1$，$\bar{x}_2$，…，$\bar{x}_n$，$\bar{y}$ 和差平方和 L_{11}，L_{22}，…，L_{pp}，L_{yy}。记各自的标准化变量为 $u_j = \dfrac{x_j - \bar{x}_j}{\sqrt{L_{jj}}}$，$j = 1$，…，$p$，$u_{p+1} = \dfrac{y - \bar{y}}{\sqrt{L_{yy}}}$。

步骤二：计算 x_1，x_2，…，x_p，y 的相关系数矩阵 $R^{(0)}$。

步骤三：设已经选上了 K 个变量：x_{i_1}，x_{i_2}，…，x_{i_k}，且 i_1，i_2，…，i_k 互不相同，$R^{(0)}$ 经过变换后为 $R^{(k)} = (r_{i_j}^{(k)})$。对 $j = 1, 2, …, k$ 逐一计算标准化变量 u_{i_j} 的偏回归平方和 $V_{i_j}^{(k)} = \dfrac{(r_{i_j,(p+1)}^{(k)})^2}{r_{i_j i_j}^{(k)}}$，记 $V_l^{(k)} = \max \{V_{i_j}^{(k)}\}$，作 F 检验，$F = \dfrac{V_l^{(k)}}{r_{(p+1)(p+1)}^{(k)} / (n-k-1)}$，对给定的显著性水平 α，拒绝域为 $F < F_{1-\alpha}$ $(1, n-k-1)$。

步骤四：对步骤三循环，直至最终选上了 t 个变量 x_{i_1}，x_{i_2}，…，x_{i_t}，且 i_1，i_2，…，i_t 互不相同，$R^{(0)}$ 经过变换后为 $R^{(t)} = (r_{i_j}^{(t)})$，则对应的回归方程为：

$$\frac{\hat{y} - \bar{y}}{\sqrt{L_{yy}}} = r_{i_1,(p+1)}^{(k)} \frac{x_{i_1} - \bar{x}_{i_1}}{\sqrt{L_{i_1 i_1}}} + \cdots + r_{i_k,(p+1)}^{(k)} \frac{x_{i_k} - \bar{x}_{i_k}}{L_{i_k i_k}}$$，通过代数运算可得 $\hat{y} = b_0 + b_{i_1} x_{i_1} + \cdots + b_{i_k} x_{i_k}$。

由于本研究的调研变量有 36 个之多（含 3 个地区虚拟变量），因此使用逐步回归 Logit 模型和逐步回归计数模型找出相关的影响因素。

4.2 样本区域、数据获取和变量设置

4.2.1 样本区域的选取

本研究选取江苏省、浙江省、湖南省作为样本区域，主要基于以下考虑：江苏省水稻科技贡献率超过 50%，在种植面积超 100 万公顷的全国水稻生产大省中，江苏省水稻单产一直位居全国第一（徐德利，2009）。精确定量栽培、机械化插秧、测土配方施肥为代表的新技术得到普及推广，特别是测土配方施肥技术推广一直走在全国前列，并于 2008 年率先在全国做到主要农业县（市、区）全覆盖。2010 年江苏省启动 10 个低碳农业工程，推广农村清洁能源、秸秆综合利用、测土配方施肥和禽畜低碳饲料饲养四项低碳农业生产技术；2009 年姜堰市沈高镇河横村被亚太环境保护协会授予"低碳农业奖"。由于本章的研究目的主要是考察稻农对减排技术和管理措施采纳意愿，为政府农业减排技术推广提供决策参考，江苏省在农业技术推广方面的突出成效和低碳农业方面的探索实践使其成为与研究目的最匹配的样本区域。浙江省是全国第二大粮食

主销区，粮食自给率仅为45%左右（李凤博等，2011）。水稻生产及技术推广面临以下两大问题具有典型性：一是水稻生产比较效益低，尤其是受前几年丰产不丰收[①]、粮经争地矛盾及生产成本上涨的影响，种粮大户的积极性极度低下，部分地区面临由双季稻向单季稻转变甚至耕地撂荒的局面[②]；二是浙江省户均稻田面积少，生产规模难扩大，规模效益不显著，成为制约水稻新技术推广[③]的重要因素。考察在上述问题客观存在的条件下稻农对农业减排技术和管理措施的采纳意愿以及相关技术推广的影响因素是本研究选取浙江省作为样本区域的主要原因。湖南省是我国南方水稻生产大省，属于典型的"高排放低增长"农业经济增长模式，本研究选取湖南省作为我国农业发展方式"高能耗、高排放、高污染"粗放经营状态的代表，考察该发展模式下稻农日常水肥管理和耕作制度等现状以及对农业减排技术的采纳意愿及其相关影响因素。

综合考虑水稻生产土壤、温度、降水、地形特征等农业生产条件差异以及近年水稻生产面临的现实问题，最终确定宁波市鄞州区、台州市黄岩区、丽水市松阳县、江苏省姜堰市、湖南省岳阳市作为调研区域。其中：宁波市鄞州区是全国粮食生产先进区，在沿海发达地区保证粮食播种面积方面较突出；台州市黄岩区是浙江省传统农区，与杨梅、果蔗等特色经济作物相比，种粮比较收益低且粮食生产经济规模小而分散的问题特别突出；丽水市松阳县系浙西南丘陵山区，水稻种植基础条件与平原地区的差异或导致稻农生产行为的不同；姜堰市是江苏省最早、规模最大的无公害大米生产地区，稻农对减排技术和管理措施或有更强的采纳意愿；湖南省岳阳市是湖南省乃至我国传统杂交水稻种植基地，在水稻新品种选育和推广面积方面一直走在全国前列。随后请当地农业局安排各县（市、区）样本村，其中每县（市、区）选取2~3个样本村，每个样本村分水稻种植大户、科技示范户和散户三大类约20~30户农户作为样本农户，调研样本总数268户。调查样本具体分布如表4.1所示。

---

① 以台州市黄岩区为例：2010年4月14—16日的"倒春寒"、7月23—27日的强降水造成严重洪涝，部分早稻淹水72小时以上，导致穗头发芽、收割推迟，严重影响产量和后作晚稻生产。2011年早稻后期（成熟前10天左右开始）遭连续雷阵雨，无法搁田，收获时收割机常常会深陷田间，难以正常作业，不仅作业效率下降一半以上，而且因践踏等损失大（预计在15%以上），不得已采用人工收割，亩成本需400元左右，倒伏田块甚至要500元以上。因成本投入显著稻谷实际收成减少，效益大幅度降低。同时造成季节延误，严重影响连作晚稻的产量，甚至有大户种二季不如一季产量高。

② 据浙江省农业厅统计，1978年，浙江省双季稻与单季稻面积比例为18.98：1，到2009年降低为0.41：1。

③ 目前浙江省主推的水稻强化栽培技术体系包括选用良种、培育壮苗、短龄移栽、单本稀植、合理施肥、水分管理、病虫草害综合防治，其中如水分管理中的湿润灌溉以及有机肥和化肥混施等本身就属于稻田减排技术。

表 4.1　样本农户分布情况

	浙 江 省			江苏省	湖南省
	台州市	宁波市	丽水市	姜堰市	岳阳市
	院桥镇	鄞州区姜山镇	松阳县	沈高镇	甘田镇、箅口镇
	升上洋村、占堂村、苏楼村	五龙桥畈	包安山村、章家村	河横村	港口村、四兴村、全福村、大柳村
样本数（户）	90	30	50	30	68

4.2.2　问卷设计

本研究采用结构式问卷，问卷设计、修改与预调查于 2012 年 5 月完成。其主要内容由以下四个方面构成：

第一部分是被调查村基本情况，这部分信息获取在村委会或水稻种植大户本身就是村干部处收集。主要包括人均耕地、水田土地流转率、水稻种植情况、农民人均年收入和主要收入来源、交通和通信条件、地理特点和土壤肥力、水稻轮作情况、水稻认证和测土配方施肥以及保护性耕作情况。此部分调研内容中当地交通条件、通信条件以及距乡镇距离作为外部特征变量纳入随后的计量分析。

第二部分是关于被调查稻农及家庭基本情况，这部分信息在农户个人一级收集。主要涉及户主年龄、文化程度、打工或经商以及担任村干部经历、是否是水稻科技示范户、家庭劳动力数量（总劳动力、农业劳动力、常年在外务工劳动力）、家庭收入结构（总收入、农业收入占家庭收入比重、水稻收入占农业收入比重）。此部分调研内容均作为重要的解释变量纳入随后的计量分析。

第三部分是关于稻农水稻生产经营基本情况调查，这部分信息亦在农户个人一级收集。重点了解的内容包括家庭耕地情况（总耕地、流转情况、水稻种植比重）、水稻种植经验、水稻农机具和机械化程度、各单项生产成本所占比重、销售渠道、参加农业产业化组织情况、水稻种植技术信息来源与参加培训次数和乡镇技术人员指导次数、水稻生产经营过程中的主要困难和今后水稻生产的打算。此部分调研内容绝大部分亦作为重要的解释变量纳入随后的计量分析。

第四部分是关于稻农气候变化认知及减排技术采纳意愿调查。重点围绕品种选择、水肥管理、耕作方式三大方面六大稻田减排技术而展开，主要由气候变化认知及采取的适应性措施、水稻品种采纳、稻田灌溉用水保障及水分管理、稻田土壤肥力及施肥管理（施肥品种、施肥量、施肥时机）、秸秆还田和绿肥作物种植等措施、水旱轮作情况等方面日常管理和相关减排技术采纳意愿等问题组成。此部分调研内容用于分析稻田减排技术采纳频率及计数模型被解释变量。

问卷设计初稿形成后，首先，通过咨询浙江省农业科学院环土所、作物与核技术利用研究所专家以及浙江大学农生环学部、浙江大学中国农村发展研究院水稻研究教授和农业技术推广中心粮食作物省级首席专家[①]的意见，针对问卷设计的专业知识和术语做了修正。其次，2012 年 5 月底在杭州市萧山区党湾镇庆丰村和梅东村进行了 30 份预调查，主要是检查问卷答案的可得性、稻农对所提问题的理解和接受等。最终定稿的稻农稻田减排技术采纳意愿调查问卷详见附录 6。

4.2.3　数据获取

本研究运用的数据由本人于 2012 年 4—8 月在浙江省、江苏省、湖南省上述样本点，通过对 5 个县（市、区）6 个乡镇 11 个行政村 268 户稻农实地调查获得。调查方法采取问卷调查与农户访谈相结合。考虑到稻田温室气体减排技术和管理措施可能对多数人较陌生，对调查员进行培训可能耗时过长、或他们理解上的偏差影响问卷回答的真实性和有效性、抑或对农户不理解的选项不能给予及时解答影响调查过程连贯性从而引起农户厌烦，故本次问卷调研均由本人亲自完成，并对关键问题缺失进行追问，这在一定程度上保证了问卷数据的有效性和问卷的回收率。经由人工检查剔除因逻辑错误（前后矛盾）的样本31 份，有效样本 237 份，有效回收率 88.43%。

4.2.4　变量设置

本研究首先对农业技术采纳实证研究中引用率较高的 20 篇中英文文献中对微观农户技术采纳问题研究方法和解释变量分类及具有显著影响的因素进行汇总（表 4.2 和表 4.3），作为本研究选取解释变量的重要依据，检验其在农户气候变化认知及减排技术和管理措施采纳方面的相关程度及显著程度；然后再根据研究问题的需要，设置其他解释变量，进而提出本研究的基本假设。值得特别强调的是，由于影响农户减排技术采纳因素分析文献空白，故中文文献检索侧重环境友好型农业，主要集中在化肥减量施用、农药安全选配、保护性耕作等技术采纳因素分析方面，根据研究问题的特定性，还特别研究了水稻种

---

① 浙江省农业科学院姜丽娜、符建荣、金庆生研究员；浙江大学农生环学部主任张国平教授、浙江大学中国农村发展研究院杨万江教授；台州市黄岩区粮食作物省级首席专家林海忠对问卷涉及的专业知识和术语给予了修正。

表 4.2 可持续农业、环境友好型农业、保护性农业相关技术或管理措施采纳问题研究方法

研究作者（时间）	国别（地区）	相关技术或管理措施	研究细节		显著性/模型拟合优度
			样本数	分析方法	
徐卫涛等 (2010)	山东、山西、湖北	循环农业化肥减量化投入行为	400 (375)	binary logistic regression	多重共线性检验（Tolerance and VIF）、拟合优度检验（Hosmer and Lemeshow）
毛飞和孔祥智 (2011)	陕西	农药安全选配行为	465 (462)	binary logistic regression	卡方检验、似然比检验、R^2
张利国 (2011)	江西	环境友好型农业生产技术	300 (278)	binary logistic regression	对数极大似然函数值、Cox &Snell R^2、Nagelkerke R^2
葛继红等 (2010)	江苏	配方施肥技术	384 (376)	Probit, Tobit	对数极大似然函数值、Rseudo R^2
蔡荣 (2011)	山东	有机肥投入	360 (348)	OLS	多重共线性检验（VIF）、调整后 R^2、F 统计量
巩前文等 (2010)	湖北	化肥减量施用	300 (284)	Probit	极大似然估计、White 检验
喻永红和韩洪云 (2012)	湖北	稻农 IPM 技术	160 (132)	binary logistic regression	似然比检验
汤秋香等 (2009)	华北、东北、成都平原以及西北绿洲	保护性耕作技术	700 (666)	OLS	t 检验
吕亚荣等 (2010)	山东	适应性管理措施	301 (296)	binary logistic regression	对数似然比检验
陈庆根和杨万江 (2010)	浙江、湖南	超级稻	565	OLS	R^2
Mariano M.J., et al (2012)	菲律宾	现代水稻新品种/一体化水稻管理实践	3 164	binary logistic regression/count data model	对数似然函数、McFadden R^2
Defrancesco E., et al (2008)	意大利	环境友好型农业措施	139 (130)	multinomial logit model	Pseudo R^2

（续）

研究作者（时间）	国别（地区）	相关技术或管理措施	研究细节		显著性/模型拟合优度
			样本数	分析方法	
Robert L. R., et al (2003)	美国	保护性耕作措施	1 340 (268)	factor analysis	t 检验
Zhou S. D., et al (2008)	中国	地面覆盖水稻栽培节水技术	240	binary logistic regression	似然比检验, McFadden R^2
Isgin T., et al (2008)	美国	精准农业技术	491	Poisson regression model	对数似然检验, t 检验, 过度分散 α 检验
Deressa T. T., et al (2009)	埃塞俄比亚	适应气候变化措施	1 000 (803)	multinomial logit model	似然比检验, Pseudo R^2
Saltiel J., et al (1994)	美国	集约化管理可持续农业措施	437	OLS	R^2
		低投入可持续农业措施	358	OLS	R^2
Traoré N., et al (1998)	加拿大	保护性耕作技术	82	Probit	Correct prediction
Falconer K. (2000)	欧盟	农业环境政策	225	binary logistic regression	似然比检验
Filho D. S., et al (1999)	美国	可持续农业技术	825	binary logistic regression	似然比检验, R^2

表 4.3 显著影响可持续农业、环境友好型农业、保护性农业相关技术或管理措施采纳的因素

农户及家庭特征变量	农场特征变量	农场金融/管理特征变量	外生变量
性别	耕地面积	租种土地的比重	一年内参加相关农业技术培训次数
年龄	每亩（公顷）产量	灌溉的便利程度	一年内获得相关农业技术指导次数
受教育程度	年平均温度	农机的可获得性（或农机投资）	信息渠道的数量
种植经验	多年平均降雨量	近年是否有农机投资	获得技术信息的便利性
未来打算	土壤类型	近年耕地面积是否增加	信息来源
兼业化（是否有非农就业、家庭非农就业人数、家庭非农收入比重、每年非农就业天数）	土壤肥力状况	信贷的可获得性	邻里效应
农户对相关问题的认知	土壤持水能力	是否种养结合或农林结合	是否参加农业产业化组织
农户对相关问题的关心程度或态度	地形特征（平原、山区、丘陵）	是否轮作	农业部门的技术推广
是否担任村干部	耕地细碎化（或是否集中连片）	从事农业生产的目的	农户一农户的推广
专业化（相关农产品收入占家庭总收入的比重）	土壤 NPK 含量	是否以前或目前正在采用相关技术	政府相关农业技术/管理措施支持力度
风险偏好	可种植的天数	相关保护性计划的参与	农产品销售价格
农业总收入		资产负债率	
农业总收入占家庭收入的比重		复种指数	
家庭农业劳动力		各项成本（燃料、化肥、杀虫剂等）	
雇佣劳动力的比重		从事农业的获得状况	
		种植或养殖的品种	

资料来源：表 4.2 中 20 篇微观农户技术采纳问题中英文文献。

植田间管理、成本收益、稻农超级稻采用等相关文献；英文文献采用 sustainable agriculture practices、conservation agriculture practices、agri-environmental scheme、rice technologies and management practices 四组检索关键词涉及的农户相关技术采纳影响因素分析。

　　结合上述相关文献和水稻种植特点以及减排技术特性，本研究解释变量分为户主个人特征变量、家庭及生产经营特征变量、田块特征变量、外部环境特征变量以及地区虚拟变量五大类，具体变量定义和预期影响方向见表 4.4。

表 4.4　模型解释变量和被解释变量的选择及赋值

变量名称	变量定义（或单位）	影响预期	
		y_1	y_2
被解释变量			
是否愿意采纳农业减排技术和管理措施（y_1）	1＝愿意；0＝不愿意		
农业减排技术和管理措施农户采纳数量（y_2）	$y_2=0$，1，2，3，…，6		
解释变量			
户主个人特征变量			
户主年龄（x_1）	1＝35 岁以下；2＝35～45 岁；3＝45～55 岁；4＝55～65 岁；5＝65 岁以上	—	—
户主性别（x_2）	1＝男；0＝女	＋	＋
受教育程度（x_3）	1＝文盲；2＝小学；3＝初中；4＝高中或中专；5＝大专及以上	＋	＋
是否担任村干部（x_4）	1＝担任；0＝没担任	＋	＋
水稻种植经验（x_5）	从事水稻种植的实际年数（年）	—	—
是否愿意扩大水稻种植面积（x_6）	1＝扩大；0＝保持或减少	＋	＋
是否认识到气候变化（x_7）	1＝认识到；0＝未认识到	？	？
是否采用了环境友好型技术或耕作方式（x_8）	1＝已采用；0＝未采用	＋	＋
新技术采纳偏好（风险态度）（x_9）	1＝最早采纳；2＝别人采纳后有效果再采纳；3＝最晚采纳或不愿采纳	＋	＋
家庭及生产经营特征变量			
家庭农业劳动力数量（x_{10}）	人	＋	＋
家庭年均总收入（x_{11}）	1＝0～2 000 元；2＝2 000～4 000 元；3＝4 000～6 000 元；4＝6 000 元以上	＋	＋

（续）

变量名称	变量定义（或单位）	影响预期	
		y_1	y_2
家庭及生产经营特征变量			
家庭非农收入占总收入的比重（x_{12}）	1＝0～24%；2＝25%～49%；3＝50%～74%；4＝75%～100%	？	？
是否是科技示范户（x_{13}）	1＝是；0＝否	＋	＋
水稻种植面积（x_{14}）	2011年实际面积（含流转面积）（亩）	＋	＋
流转面积占总种植面积的比重（x_{15}）	%	－	－
水稻亩产量（x_{16}）	千克/亩	＋	＋
是否水旱轮作（x_{17}）	1＝是；0＝否	＋	＋
是否种养结合（x_{18}）	1＝是；0＝否	＋	＋
机械化程度（x_{19}）	1＝全程机械化；0＝部分机械化	＋	＋
是否参加粮食专业合作社（x_{20}）	1＝是；0＝否	？	？
田块特征变量			
水稻面积占稻农总耕地面积的比例（x_{21}）	%	＋	＋
水稻种植的田块是否集中连片（x_{22}）	1＝是；0＝否	＋	＋
稻田土壤肥力（x_{23}）	1＝好；2＝一般；3＝差	－	－
稻田灌溉用水保障程度（x_{24}）	1＝充足；2＝一般；3＝不足	－	－
外部环境特征变量			
当地交通条件（x_{25}）	1＝很好；2＝较好；3＝一般；4＝较差；5＝很差	？	？
当地通信条件（x_{26}）	1＝很好；2＝较好；3＝一般；4＝较差；5＝很差	＋	＋
距乡镇的距离（x_{27}）	公里	＋	＋
种植技术获取渠道的数量（x_{28}）	被调查稻农获取农业技术信息的渠道数量（个）	＋	＋
对水稻种植政策满意程度（x_{29}）	1＝非常满意；2＝比较满意；3＝基本满意；4＝不太满意；5＝不满意	＋	＋
一年内参加水稻培训次数（x_{30}）	次	＋	＋
一年内技术人员现场指导次数（x_{31}）	次	＋	＋
获得信贷的难易（x_{32}）	1＝没困难；0＝有困难	＋	＋
邻居对环境问题是否关心（x_{33}）	1＝关心；0＝不关心	＋	＋

（续）

变量名称	变量定义（或单位）	影响预期	
		y_1	y_2
地区虚拟变量（对照组）			
浙江省	4＝浙江省种植户；	—	—
江苏省	3＝江苏省种植户；	—	—
湖南省	2＝湖南省种植户	—	—

注：是否采用了环境友好型技术或耕作方式主要考察稻农是否参加了测土配方施肥、是否参加了保护性耕作、是否实施了农产品认证，只要采用一项，即认为该稻农有参加环境友好型技术或耕作方式的经验。

"＋"表示预期正向影响，"—"表示预期负向影响，"?"表示预期影响不确定。

户主个人特征变量中除文献中经常采用的年龄、性别、受教育程度、是否担任村干部、经验、未来打算等解释变量外，针对研究问题的需要设置了"是否认识到气候变化""是否采用过环境友好型技术或耕作方式"和"新技术采纳偏好"三个变量。首先，本研究认为稻农是否认识到气候变化是其是否认识农业生产对气候变化影响以及是否采纳农业减排技术和采纳数量的基础，但也有可能认识到气候变化，但是没有进一步认知和采纳行为，因此预期影响方向不确定。其次，除考虑种植经验外，本研究还特别考虑了农户采用环境友好型技术或耕作方式的经验，主要考察稻农是否参加测土配方施肥、是否参加保护性耕作、是否实施农产品认证，只要采用一项，即认为该稻农有参加环境友好型技术或耕作方式的经验，这种经验所带来的节本增收以及改良土壤肥力等实际体验使其在采纳减排技术时较无相关经验的稻农具有更科学的水肥管理等经验和更高的采纳可能性。最后，稻农风险偏好未采用一般的二元风险偏好[①]划分，而通过让其描述自己在农业新技术采纳过程中属于哪一阶段采纳者，从而通过新技术采纳偏好更直观地体现农户风险偏好。

家庭及生产经营特征变量中家庭农业劳动力人数、家庭年均总收入、种植面积三个常规变量分别代表农户家庭劳动力禀赋、经济水平和经营规模，本研究预期三者对农户采纳减排技术以及采纳数量正向影响最显著的变量。家庭非农收入占总收入的比重反映兼业化程度，一方面该比例高表明家庭对农业生产依赖性较小，较高的非农收入也使其在技术采纳过程中可能表现出较低的风险厌恶；但另一方面某些减排技术如水稻生长期间歇式排水与烤田相结合属于劳动密集型技术，兼业化程度高的家庭或因为农业生产劳动力短缺而降低该技术采纳意愿，因此总体预期影响方向不能确定。流转面积占总种植面积的比重反

---

① 常见的风险态度设置为：风险厌恶、风险中性、风险偏好，如郭红东（2005）。

映家庭自有土地和租用土地的结构特征，租用比例越高短期化利润导向的行为特征越明显，对减排技术采纳可能性越低。整体来说，科技示范户综合素质比其他农户更高，加之各级政府对科技示范户新技术采纳的相关补贴，预期其减排技术采纳以及采纳数量都可能更高。水稻亩产量越高代表水稻种植劳动生产力和净收益越高，在缺乏已有文献证实的情况下，本研究认为总体预期影响方向不能确定，待实证分析揭示其对技术采纳的相关性和显著性。是否水旱轮作和是否种养结合是本研究特别要考察的两个解释变量，在德尔菲专家函调中专家强调稻油、稻麦等水旱轮作本身就是稻田减排技术，而种养结合是中国传统生态农业实践模式，畜牧为种植提供粪肥同时种植为畜牧提供天然饲料，预期有上述两种生产行为的农户具有一定的减排技术实施基础，对减排技术采纳具有积极影响。本研究设置了全程机械化和部分机械化二元变量反映稻农生产机械化程度，机械化程度高意味农户家庭财富或当地农业机械化合作水平越高，预期其对技术采纳具有显著影响。是否参加粮食专业合作社反映农户水稻生产组织化程度，农民合作组织在农产品销售、投入品供给以及信贷方面发挥了越来越重要的作用，本研究试图通过实证分析考察其对减排技术采纳是否存在影响以及影响方向和强度。

田块特征变量是本研究变量设置的特色。水稻面积占稻农总耕地面积的比例和水稻种植的田块是否集中连片是两个具有递进关系的解释变量，前者反映农户水稻生产的专业化程度，后者反映水稻种植田块的集中或细碎，水稻生产专业化程度越高、稻田集中连片的农户客观上越有可能采纳农业减排技术。稻田土壤肥力和灌溉用水保障程度反映对农业生产来说最重要的水肥条件状况，土壤肥力越好、农田水利基础设施保障程度越高，客观上农户采纳新技术风险相对较小，越有可能采纳更多新技术和管理措施。

外部环境特征变量设置中，首先，设置当地交通条件、当地通信条件、距乡镇距离、获得信贷难易、种植信息获取渠道的数量以及对水稻种植政策满意程度六个解释变量，从交通、通信、市场、信贷、技术、政策六大方面预期其对稻农减排技术采纳的积极影响。其次，设置农户一年内参加水稻培训次数和技术人员现场指导次数两个农业技术推广变量，农技推广是农户认知、学习、理解和应用新技术最直接的渠道，对农户减排技术和管理措施的采纳具有正向显著影响。农村属于典型的熟人社会，农户具有很强的从众心理。本研究在问卷调查中设计了周围邻居对土壤、水质、空气质量、消费者健康、政府环保政策是否关心五个问题，周围邻居对环境越关心，表明农户所在村整体环保理念越强，这将对农户采纳减排技术以及其他农户跟随采纳直至整体新技术采纳推广周期均产生积极的影响。

最后，地区虚拟变量用来体现地区综合因素影响和抽样差异，解释农户减排技术是否采纳和采纳数量是否存在地区差异。

4.3 问卷的描述性统计分析

在对模型进行计量分析之前，有必要对样本变量进行描述性分析，通过整体把握变量的统计特征，了解稻农对气候变化的认知及采取的适应性行为，尤其是在品种选育、水肥管理、耕作制度三大方面的行为偏好现状。

4.3.1 样本基本特征描述

表 4.5 列出了各个变量的平均值、最大值、最小值和标准差等统计特征。从 237 份有效调查问卷反映的稻农基本情况来看，男性占 95.8%，由于在统计分析中，性别差异大会影响统计结果的有效性，因此下文计量分析并未将性别作为一个自变量考虑。

表 4.5　变量的描述性统计分析结果（N＝237）

变量名称	变量定义（或单位）	最小值	最大值	平均值	标准差
被解释变量					
是否愿意采纳农业减排技术和管理措施（y_1）	1＝愿意；0＝不愿意	0	1	0.793	0.406
农业减排技术和管理措施农户采纳数量（y_2）	$y_2＝0$，1，2，3…，6	0	6	3.139	1.183
解释变量					
户主个人特征变量					
户主年龄（x_1）	1＝35 岁以下；2＝35～45 岁；3＝45～55 岁；4＝55～65 岁；5＝65 岁以上	1	5	3.321	1.008
户主性别（x_2）	1＝男；0＝女	0	1	0.95	0.23
受教育程度（x_3）	1＝文盲；2＝小学；3＝初中；4＝高中或中专；5＝大专及以上	1	5	2.084	0.940
是否担任村干部（x_4）	1＝担任；0＝没担任	0	1	0.13	0.33
水稻种植经验（x_5）	从事水稻种植的实际年数（年）	3	50	24.51	10.61
是否愿意扩大水稻种植面积（x_6）	1＝扩大；0＝保持或减少	0	1	0.338	0.474

（续）

变量名称	变量定义（或单位）	最小值	最大值	平均值	标准差
解释变量					
户主个人特征变量					
是否认识到气候变化（x_7）	1＝认识到；0＝未认识到	0	1	0.823	0.383
是否采用了环境友好型技术或耕作方式（x_8）	1＝已采用；0＝未采用	0	1	0.806	0.396
新技术采纳偏好（风险态度）（x_9）	1＝最早采纳；2＝别人采纳后有效果再采纳；3＝最晚采纳或不愿采纳	1	3	1.76	0.71
家庭及生产经营特征变量					
家庭农业劳动力数量（x_{10}）	人	1	5	2.030	0.836
家庭年均总收入（x_{11}）	1≤3万元；2＝3万～5万元；3＝5万～8万元；4＝8万～10万元；5＝10万～15万元；6＝15万～20万元；7≥20万元	1	7	3.38	1.95
家庭非农收入占总收入的比重（x_{12}）	1＝0～24%；2＝25%～49%；3＝50%～74%；4＝75%～100%	1	4	2.135	1.196
是否是科技示范户（x_{13}）	1＝是；0＝否	0	1	0.273	0.279
水稻种植面积（x_{14}）	2011年实际面积（亩）	1	320	23.77	42.47
流转面积占总种植面积的比重（x_{15}）	%	0	100	43.9	42.8
水稻亩产量（x_{16}）	千克/亩	300	800	520.59	122.91
是否水旱轮作（x_{17}）	1＝是；0＝否	0	1	0.78	0.41
是否种养结合（x_{18}）	1＝是；0＝否	0	1	0.11	0.31
机械化程度（x_{19}）	1＝全程机械化；0＝部分机械化	0	1	0.355	0.567
是否参加粮食专业合作社（x_{20}）	1＝是；0＝否	0	1	0.207	0.455
田块特征变量					
水稻面积占稻农总耕地面积的比例（x_{21}）	%	10	100	90.05	21.15
水稻种植的田块是否集中连片（x_{22}）	1＝是；0＝否	1	1	1	0

（续）

变量名称	变量定义（或单位）	最小值	最大值	平均值	标准差
田块特征变量					
稻田土壤肥力（x_{23}）	1＝较好；2＝一般；3＝较差	1	2	1.582	0.494
稻田灌溉用水保障程度（x_{24}）	1＝充足；2＝一般；3＝不足	1	2	1.489	0.501
外部环境特征变量					
当地交通条件（x_{25}）	1＝很好；2＝较好；3＝一般；4＝较差；5＝很差	1	3	1.776	0.680
当地通信条件（x_{26}）	1＝很好；2＝较好；3＝一般；4＝较差；5＝很差	1	3	1.890	0.734
距乡镇的距离（x_{27}）	公里	0.5	14	4.681	3.584
种植技术获取渠道的数量（x_{28}）	被调查稻农获取农业技术信息的渠道数量（个）	1	4	2.321	0.791
对水稻种植政策满意程度（x_{29}）	1＝非常满意；2＝比较满意；3＝基本满意；4＝不太满意；5＝不满意	1	3	2.245	0.495
一年内参加水稻培训次数（x_{30}）	次	0	6	1.544	1.284
一年内技术人员现场指导次数（x_{31}）	次	2	30	6.831	8.113
获得信贷的难易（x_{32}）	1＝没有困难；2＝问题很小；3＝问题较小；4＝问题较大；5＝问题很大	1	5	2.278	1.374
邻居对环境问题是否关心（x_{33}）	1＝关心；0＝不关心	0	1	0.91	0.28

被访者的年龄介于 45～55 岁之间，占了几乎所有受访者的一半；虽平均受教育水平为小学，但样本农户从事水稻种植的年限都比较长，平均年限为 24.51 年，有丰富的种植经验；样本农户的平均种植面积为 23.77 亩[①]，样本

---

① 15 亩＝1 公顷。

区间 1～320 亩，由此可见，近些年来政府对粮食种植的补贴及土地流转使专业大户阶层日渐形成，调研区域 50 亩以上的种植户占 23.15％；用于水稻种植的流转面积占总面积的均值 43.90％，基本实现了水稻种植的集中连片；而集中连片种植也有力地促进了机械化生产，样本区域 90.18％实现了机耕和机收，8.64％实现了机插、机耕、机收全程机械化；78％的农户水旱轮作，复种指数高。

被访农户家庭平均规模 5 人，其中农业劳动力平均 2 人，可以看出样本区域农户兼业化现象比较普遍，特别值得一提的是，水稻种植大户（20 亩以上）25.13％有自家米厂，家庭成员中年长的负责水稻种植，年轻的负责米厂经营，属于农业兼业户，这些米厂也兼收其他农户的稻米用于加工，而散户的稻米主要是自家口粮或分给亲戚或卖给同村，直接体现在参加粮食专业合作社的比例均值只有 20.70％。进一步从家庭收入结构来看，样本农户家庭平均年收入 63 683 元，样本区间分布在 5 万～8 万元的占 76.40％；其中，农业收入占总收入均值 51.74％，水稻收入占农业收入均值 76.11％，可见，样本农户属于水稻专业种植户。

样本区域稻田土壤肥力水平均值为 1.528，稻田灌溉用水保障程度平均值为 1.489，处于中等偏上水平；所处区域交通状况和通信条件处于较好水平；被访稻农一年内参加的水稻培训次数与乡镇农技人员现场指导次数分别为 1.544 次与 6.831 次，这其中，27.3％的试验与示范农户的技术培训与指导次数为 3～4 次，普通农户的技术培训与指导次数最多为 2 次，有的甚至没有参加过技术培训或得到农技人员的指导；样本农户普遍反映获得信贷的难度很小，这可能与样本区域农户种植规模较大，因此得到的相关补贴较多有关。

96.17％的样本区域稻农和其周围邻居对农业生产生态环境关心，最关心的环境污染主要是水污染和土壤污染，分别占被访农户的 63.13％和 40.05％；同样超过 90％的稻农感受到了消费者对农产品质量越来越关心以及政府对农业生产造成的环境污染越来越重视，但是涉及"目前农产品安全问题频发，主要是哪个环节的责任时"，80.96％农户选择了"农产品加工过程中添加了过多防腐剂和添加剂"，19.04％农户则选择了"气候变化导致自然灾害和病虫害增多"；姜堰市河横村"三安"种植基地样本点农户通过了有机认证，其他样本区域均只通过了 QS 认证；对于一项新技术（包括减排技术）多数农户属于"别人采纳后有效果再采纳"，被问及采纳一项新技术重点考虑的 3 项内容时，是否能提高水稻产量、新技术掌握的难易程度、是否有农技部门的培训和指导位列前 3 位。

从被解释变量与解释变量的交叉描述性分析角度来看，愿意采纳农业减排技术和管理措施（体现在问卷第 40 题）均值为 0.793（愿意采纳的人数 N＝

188），表明样本区域多数稻农倾向于采纳农业减排技术，从采纳原因分布来看，为了环境保护、为了生态保护补偿金、容易实施且获得生态补偿金的分别占 5.34％、28.18％、66.48％，愿意采纳的农户的特征普遍表现在家庭农业劳动力数量较多、获得信息渠道数量较多、较易获得信贷支持三方面；进一步在愿意采纳者中，平均采纳数量为 3.139，从 6 项减排技术和管理措施来看，"有机质添加时机"和"稻麦、稻油轮作"两项分别以 86.04％和 88.32％位列采纳技术前两位，其他 4 项减排技术愿意采纳的很少，应用肥料型、农药型甲烷抑制剂的仅为 2.33％，值得注意的是，"有机质添加时机"在调研中特指秸秆还田和间作/套作/轮作绿肥作物，而样本区域在此方面以及水旱轮作方面实际上已经是这样推广和应用的，采纳数量超过 2 个的农户的特征普遍表现在试验与示范农户、一年内参加水稻培训次数和技术人员现场指导次数较多、获得信息渠道数量较多、较易获得信贷五个方面。具体的影响程度将在下文计量分析中体现。

4.3.2　稻农气候变化认知及适应性行为状况

气候变化是低碳经济以及低碳农业提出的背景，本部分调查（对应问卷问题 13～17 题）在于了解稻农对气候变化的了解和感受程度以及适应性行为是否有"高碳"倾向。

通过调查稻农对自己所在生产生活区域内近 10 年温度和降雨量及自然灾害频次和严重程度变化情况的了解和感受，衡量他们对气候变化的认知。结果显示，195 位被访者认为近 10 年气候发生了变化，占总体被调查者的 82.30％，进一步进行交叉统计，在 195 位认识到气候变化的稻农中，98.78％愿意采纳农业减排技术和管理措施，对气候变化认知表现详见表 4.6。

表 4.6　样本区域稻农对气候变化主要表现的认知情况

气候变化表现	认知人数	百分比（％）	气候变化表现	认知人数	百分比（％）
温度上升，气候变暖	90	46.09	降雨减少	5	2.39
降雨增加	56	28.85	极端气候现象频发	44	22.67

195 位认为气候变化的被访问者中，被问及"导致气候变化的可能原因"时，认为城市发展、汽车尾气排放、工业废气排放的分别占 55.67％、23.13％、18.82％；2.38％选择了森林乱砍滥伐，但是，在可多选的前提下，居然没有一个被访者认为农业生产也是导致气候变化的可能原因之一。与此形成鲜明对比的是，稻农对"气候变化对水稻种植相关自然灾害的影响"表现出积极的回应，认为气候变化使洪涝、持续阴雨、台风暴雨等对水稻种植影响最

严重的自然灾害频次增加且严重的分别占 76.33％、12.84％、10.83％。可见，客观上确实存在气候变化对水稻生产的影响且引起稻农的普遍认识，但对农业生产对气候变化的影响认识不足。

本研究结合样本区域实地调查资料显示的农民应对气候变化采取的适应性措施的特点，将稻农适应气候变化的行为划分为主动性适应性行为和被动性适应性行为两类，前者指在气候变化影响的结果被观察到之前稻农所采取的应对行为，在本调查中主要指稻农调整水稻品种、采用新的栽培技术、改善农田水利等基础设施、购买农业保险等行为；后者指在气候变化影响的结果被观察到之后稻农采取的应对行为，在本调查中主要指调整农时、增加化肥农药投入、增加灌溉、改变耕作方式等行为。样本稻农采取的适应气候变化行为的具体情况见表 4.7。

表 4.7　样本区域稻农应对气候变化适应性行为的细分统计

行为类型	行为细分	采取行为人数	百分比（％）
主动适应性行为	调整水稻品种	18	9.38
	采用新的栽培技术	23	11.87
	改善农田水利等基础设施	22	11.16
	改善农田周边的生态环境	11	5.56
	购买农业保险 *	21	10.56
被动适应性行为	调整农时	63	32.28
	不种水稻，改种其他 **	55	28.17
	增加化肥农药投入	60	30.58
	增加灌溉	2	1.22
	改变耕作方式（如增加轮间套作）	5	2.34

注：这里，农户采取的适应性可以选择多个；＊调研中，农户除对自然灾害保险有需求，对农机保险也提出了强烈需求；＊＊既包括原来种双季稻、现改为种单季稻的农户，也包括退出农业的农户。

样本区域调查表明，在各类适应性行为中，农户选择的前三个适应性行为依次为调整农时、增加化肥农药投入和调整种植结构，均属于被动性适应行为，其中：增加化肥农药投入具有"高碳"倾向。

4.3.3　稻农品种选择偏好描述

样本区域稻农采用的水稻品种多为当地常年种植的适用品种。76.14％的被调查稻农对当前种植的水稻品种表示满意；23.86％表示满意度一般。在被问及"水稻品种选择的优先顺序时"，选项（可多选）主要集中在"高产品种"和"优质品种"，分别占被调查稻农总数的 70.76％和 60.52％；选择"抗病、抗逆品种"及"耐热、耐旱品种"的分别占 30.77% 和 18.52%；而"氮素高效利用品种"只占调查总数的 0.96%。第 6 章德尔菲法函调时，已有专家指出品种是最好的减排方式，高产品种事实上也是减排品种，至少在单位产量的甲烷排放上是小的，因此，被调查稻农首选的高产品种其实也兼具减排作用。结合本调查结果，农户对氮素高效利用新品种认知度极低，需各级农技推广部门推进以及补贴等经济激励促进其采纳推广。

4.3.4　稻农水肥管理行为分析

水肥管理是稻田甲烷减排最重要的环节。在水分管理方面，被访问的 237 份有效问卷，159 份认为稻田灌溉用水保障程度充足；日常水分管理模式中，淹水灌溉、间歇灌溉、湿润灌溉分别占 86.33%、8.46%、5.21%，90.12% 的农户没有参加过关于稻田水分管理或灌溉技术与模式的相关培训，50.12% 的农户甚至也不想参加此类培训。通过与农户及当地农技推广人员的交流得知，农户对水分管理不感兴趣的原因主要是：一是南方稻区根本就不缺水，且为集体用水，不需要付费，稻农对排灌系统的需求主要是洪涝季节的排水；二是高产栽培的水分管理方式涉及增加用工，而通过问卷问题 5 样本区域农户各单项成本调查中了解到，88.95% 的稻农认为人工费已经成为近年来各单项成本上涨最快的，使得绝大多数农户不愿意采用上述高产栽培的水分管理方式；三是农技推广部门几乎没有设置单独的水分管理培训，且何时灌溉、何时排水确实缺少科学指导，故单独依靠农户采纳相应灌溉技术与模式较难。基于上述三点原因，淹水灌溉仍是稻区的主要灌溉模式，这同时意味着如将常年淹水稻田进行改造，减排潜力巨大。

在肥料使用行为方面，237 个有效样本农户中，142 户稻农认为自家稻田土壤肥力状况较好，调查发现绝大多数的水稻种植户都选择化肥和农家肥作为主要的肥料，除江苏省沈高镇河横村"三安"水稻种植基地使用三安集团提供的生物肥料（替代化肥）和生物保护剂（替代农药）外，使用商品有机肥和微生物肥料的寥寥无几，且农家肥和商品有机肥主要用作底肥，化肥用于整个生长期的追肥（如分蘖肥、促花肥、保花肥），行为具有相当大的趋同性。与灌溉技术和模式不同，92.48% 的稻农参加过科学施肥（包括施肥种类、时间、数量）的培训，在被问及"过量施用化肥的负面效应"时，对水稻品质的影响、对土壤板结和酸化的影响方面农户认为影响较重，在可多选的情况下，分别占 46.12%、38.77%，普遍认为过量施用化肥会造成水稻倒伏；而对地下水、大气、人体健康的影响认为没有影响或不知道的较多。值得注意的两点，一是一些样本区域有绿肥种植传统实践，如：宁波市鄞州区绿肥紫云英和丽水市松阳县经济绿肥鲜食蚕豆种植，在提高土壤肥力（固碳节肥）和促进水稻生长方面起到一定作用；二是各样本区域都推广了测土配方施肥技术，稻农对配方肥的效果反映非常好，86.44％的稻农认为配方肥节本增产效果明显。

秸秆燃烧是农业温室气体排放的来源之一，因此本调查设计了对水稻秸秆用途的调查，在有效的被访237户农户中，70.12％收割后的水稻秸秆经过收割机直接粉碎翻埋还田；5.12％用于马铃薯、育苗等稻草覆盖栽培；4.43％秸秆过腹还田（饲料）；8.66％用于家庭燃料；11.67％废弃及田间焚烧。

4.3.5 稻农耕作制度基本概况

第4章德尔菲法函调中，专家指出水旱轮作是我国粮食主产区——长江中下游的主要的也是传统耕作制度，是可以兼顾高产和减排的，各专家研究团队田野实验研究结果表明，水稻种植前旱作次数越多，水稻生长期 CH_4 排放越小；改善常年淹水稻田排水设施、大幅减少常年淹水稻田面积、改一年一季稻为一水一旱能明显降低我国稻田 CH_4 排放。在实际调研过程中，样本区域呈现出比较丰富的水旱轮作制度，如台州市黄岩区的马铃薯—水稻轮作、丽水市松阳县的蚕豆（地膜马铃薯）/玉米（西瓜、毛芋）—单季稻轮作、宁波市鄞州区的稻—麦轮作、姜堰市沈高镇的稻—麦和稻—油轮作、岳阳市甘田镇的稻—棉轮作，除水稻与其他粮食作物轮作，多数稻农选择了水稻与多种蔬菜轮作。农户选择水旱轮作模式，并不是基于减排的考虑，而是由于粮经作物的比较收益，在被访问的237户农户中，只有1.18％稻农选择种植双季稻。在样本区域，没有一处采用免/少耕等保护性耕作技术。

4.4 影响稻农减排技术采纳的计量经济分析

4.4.1 二元选择模型结果分析

本部分主要应用 Stata12.1 统计软件对全部237个样本数据进行 Logistic 回归处理。在具体处理过程中，采用逐步回归筛选法，即前文研究方法介绍中所述，对全部因子按其对 y 影响程度大小（偏回归平方的大小）从大到小地依次逐个地引入回归方程，并随时对回归方程当时所含的全部变量进行 Z 检验，看其是否仍然显著，如不显著就将其剔除，直到回归方程中所含的所有变量对 y 的作用都显著时，才考虑引入新的变量；再在剩下的未选因子中，选出对 y 作用最大者，检验其显著性，显著的，引入方程，不显著的，则不引入；直到最后再没有显著因子可以引入，也没有不显著的变量需要剔除为止。这样，一共只剩下6个变量计量估计结果。如表4.8所示。

表 4.8　影响稻农农业减排技术采纳意愿的模型回归结果

y_1	回归系数	标准差	Z 检验值	P>Z	[95% Conf. Interval]	
x_5	−0.037 0	0.018 4	−2.000 0	0.045 0	−0.073 1	−0.000 8
x_{28}	0.571 8	0.270 6	2.110 0	0.035 0	0.041 4	1.102 2
x_7	1.330 1	0.548 2	2.430 0	0.015 0	0.255 6	2.404 6
x_{32}	0.646 7	0.214 1	3.020 0	0.003 0	0.227 0	1.066 4
x_{10}	0.538 7	0.315 2	1.710 0	0.087 0	−0.079 1	1.156 4
x_{13}	−2.427 4	0.858 8	−2.830 0	0.005 0	−4.110 6	−0.744 2
常数项	−2.210 8	1.261 0	−1.750 0	0.030 0	−4.682 4	0.260 7

模型整体检验统计量

Number of observations	N＝237		
LR chi-square（6）	13	Prob>chi-square	0.043 1
log likelihood	−114.281 0	Pseudo R^2	0.053 8

同时计算上述各变量的边际效应，结果见表 4.9。其中，边际效应代表的是解释变量变化一个单位，对稻农是否采纳减排技术决策的影响程度。

表 4.9　影响稻农农业减排技术采纳意愿的边际效应分析

变量	边际效应	标准差	Err.	Z 检验值	P>｜Z｜	[95% Conf. Interval]	
x_5	−0.005 7	0.002 8	−2.050 0	0.041 0	−0.011 1	−0.000 2	24.506 3
x_{28}	0.087 9	0.040 4	2.170 0	0.030 0	0.008 7	0.167 2	2.320 7
x_7	0.255 5	0.119 4	2.140 0	0.032 0	0.021 6	0.489 5	0.822 8
x_{32}	0.099 4	0.031 4	3.170 0	0.002 0	0.038 0	0.160 9	2.278 5
x_{10}	0.082 8	0.048 0	1.730 0	0.084 0	−0.011 2	0.176 9	2.029 5
x_{13}	−0.502 2	0.177 3	−2.830 0	0.005 0	−0.849 6	−0.154 7	0.173 0

模型整体检验统计量

预测准确率（%）	81.02

根据表 4.8 和表 4.9 模型计量结果，影响稻农减排技术和管理措施采纳意愿的主要因素、显著性和影响程度归纳及分析如下：

第一，水稻种植经验（x_5）和科技示范户（x_{13}）对稻农减排技术采纳意愿的影响是负面的，边际效应分别为 0.5% 和 50%。这种结果尤其是作为科技示范户的稻农的逆向选择与前文理论假设相违背，其中可能的原因是，在国家追求粮食安全的背景下，各种扶持政策主要倾向增加粮食产量，而农户在追求利益最大化的情况下，更倾向于采纳增加产量和减少投入的技术，而 6 项农业减排技术中尤其是涉及灌溉技术和模式的 2 项技术（湿润灌溉和间歇灌溉、间歇式排水和烤田相结合）以及水稻秸秆还田和绿肥作物种植都可能需要增加劳动力投入或相关成本，而目前这些低碳农业技术在国家政策扶持导向上的忽视与农户技术采纳上经济成本考虑，可能导致高碳技术对低碳技术的挤出效应。

第二，农户对气候变化的认知（x_7）对稻农减排技术采纳具有显著的正向影响。结果显示稻农对气候变化影响认知能力越强，采取低碳技术的倾向越大，认知能力每提高一个单位，对低碳技术采纳的贡献为 25.5%。农业生产受到气候变化尤其是极端天气影响巨大，可能导致减产和绝收等，严重影响农户的经济收入，前文的描述性统计分析也显示大多数农户已经意识到近 10 年来的气候变化。从这个意义上讲，提高农户对气候变化的认知以及农业生产本身对气候变化的影响可能是推广农业减排技术效果最明显的因素；同时，研发和推广兼具适应和减缓气候变化的低碳农业技术，让农户知道减排技术本身也是能够降低农业面对极端气候的脆弱性和提高农业应对气候变化适应能力，这种规避气候变化影响的低碳技术也符合农户追求利益最大化目标的心理。

第三，家庭中实际从事农业生产的劳动力数量（x_{10}）对农业减排技术采纳具有显著的正向影响。农户家庭中从事农业的劳动力数量越多，越有可能采纳低碳农业技术，家庭中每增加一个劳动力对采纳低碳技术的贡献增加 8.3%。这是因为很多低碳农业技术是劳动密集型的（labor-intensive），如间歇式排水与烤田相结合、间（套）作绿肥作物等。Harris R. （1978），De Souza F.，et al（1999）和 Abdulai M. E.，et al（2008）等研究均证实农户家庭中从事农业生产的劳动力数量越多，越有可能保障采纳劳动密集型技术的劳动力来源。

第四，获取技术渠道数量（x_{28}）对农户采纳低碳技术也起着正向作用，每增加一条渠道对采纳低碳技术的贡献为 8.8%。相关学者的研究中，几乎所有设置了相关变量的研究都得到了农技获取渠道对技术采纳正向显著且较高边际效应的研究结论（Zhou S.，et al，2008；Deressa T. T.，et al，2009；葛继红等，2010；巩前文等，2010；吴林海等，2010；张利国，2011；Mariano M. J.，et al，2012）。通过实地调研，目前多数农户将政府农技推广作为获取技术信息的主要渠道，低碳农业技术不同于一些根据经验的适用性技术，具有一定的复杂性和风险性，第 4 章德尔菲法函调时，也有专家指出，农业减排技术（如间歇灌溉和湿润灌溉中何时排水、何时灌溉等）对我国农技推广服务体系提出了更高的要求。尽管如此，向稻农提供农业适应和减缓气候变化的技术信息，同时，加大培训和田间指导、连续监测减排技术扩散效率、减轻减排技术采纳障碍，对提高农户对低碳农业技术的认知和理解以及减排技术的采纳和扩散具有重大影响。

第五，获得信贷的难易（x_{32}）对农户采纳低碳技术有正向影响。即农户对技术采纳的投资行为受到金融机构或政府补贴扶持力度的影响，结果显示获得信贷支持每提高一个单位，对农户采纳低碳技术贡献约 10%。一些低碳农业技术，比如低碳节能农机具的购置，节水灌溉等农业基础设施的改善、减少温室气体排放的耕作方式以及处置行为变革都需要大量的资金投入。许多低碳技术由于经济上不可行导致农户不予采纳，因此，金融机构或政府补贴对低碳农业技术的信贷支持对低碳农业发展起着重要影响。许多研究也将信贷可获得性与种植规模（farm size）联合研究，认为规模绞大的农户（场）随着资本的积累，在获得信贷渠道方面以及难易方面都较小农户有明显优势，并直接决定其较低的借贷成本。

从以上模型的计量结果和分析看，上述 6 个因素计量估计结果大部分与预期理论分析相一致。但其余很多变量计量结果都表现的不显著，与预期假设不一致，Mariano M. J.，et al（2012）在研究现代水稻种植（CS）技术和一体化水稻管理措施（ICMP）采纳数量时设置了 19 个解释变量，也出现了同样的问题，他的结果显示，很多理论分析设想的常规解释变量，如性别、非水稻收入、农地所有权、交通条件等都表现不显著，这些解释有待于进一步证实。

4.4.2　计数模型结果分析

在明确了稻农减排技术采纳意愿影响因素后，本部分对稻农稻田 CH_4 减排技术和管理措施采纳数量（频率）及其影响因素进行分析。通过第 4 章德尔菲函调筛选出的具有"确定性强、可行性强、减排潜力大、对产量有增产或稳产影响、农户易于采纳"的稻田 CH_4 减排适用性技术和管理措施"最终清单"包括品种选育、水肥管理、耕作制度 3 大项 6 小项，表 4.10 统计了每项减排技术的采纳频率。大量受访农户在实际中已经采用了水旱轮作和秸秆还田以及绿肥作物种植，因此"稻油/麦等水旱轮作""有机质施用时期（休闲期或水稻种植期）"分别以 88%、86% 采纳率排在 6 项减排技术的前两位；而应用肥料型、农药型甲烷抑制剂以及低渗透率和氮素高效利用水稻新品种，对于农户较为陌生，实地调研中稻农普遍担心这两项减排技术是否会造成减产，因此分别以 2%、13% 位列 6 项减排技术的后两位；其他两项涉及灌溉技术与模式的减排技术在各地高产栽培一体化培训中有涉及，农户有一定的认知度，但由于可能需要增加劳动力投入，因此稻农采纳受到限制，采纳率居中。

表 4.10　稻农对稻田 CH_4 减排适用性技术采纳频率

稻田 CH_4 减排技术	对应问卷中的问题	采纳频率（%）
推广湿润灌溉和间歇灌溉	24、25	24
生长期间歇式排水与烤田相结合		49

（续）

稻田 CH₄ 减排技术	对应问卷中的问题	采纳频率（%）
有机质施用时期（休闲期或水稻种植期）	31	86
研制和应用肥料型、农药型甲烷抑制剂	35	2
筛选水稻品种（低渗透率水稻品种、氮素高效利用新品种等）	23	13
稻油、稻麦等水旱轮作	36	88

从表 4.5 可知，采纳数量区间为 0～6 个，平均采纳数量为 3.139，标准差 1.183，具体的采纳数量分布见图 4.1。可以看出，稻农采纳 3 个减排技术的比重最多，接近 20%，1.58% 的稻农选择不采纳任何减排技术，而仅 0.12% 农户选择采纳全部 6 个减排技术，选择采纳 1、2、4 个减排技术的比重相差不大。

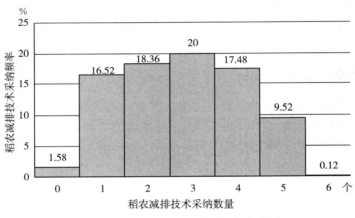

图 4.1　稻农减排技术采纳频率分布图

进一步分析影响上述采纳数量（频率）的影响因素，从具体处理上，首先需要对模型方法进行选择设定，主要的方法是通过过度分散检验来确定是选用泊松分布还是负二项分布模型。对泊松回归的检验主要通过偏差拟合优度和皮尔逊拟合优度两种方法（检验结果如表 4.11）。设定原假设为模型服从泊松分布。当 P 值很小时（P≤0.1），应该拒绝原假设。

表 4.11　泊松回归的检验

偏差拟和优度检验	皮尔逊拟合优度检验
Deviance goodness-of-fit = 45.737 9	Pearson goodness-of-fit = 54.553 2
Prob＞chi-square（224）= 1.000 0	Prob＞chi-square（224）= 1.000 0

通过两类检验，不能拒绝分散度为 0 的原假设。因此，选用泊松分布模型（模型具体形式见 4.1.2.1）对影响稻农稻田 CH_4 减排技术采纳数量的主要因素进行分析。

具体处理过程中，首先，利用计数模型估计全部调研解释变量对减排技术采纳数量的影响（模型 1），然后，使用逐步回归计数模型逐步剔除不显著解释变量（模型 2），表 4.12 为最大似然估计结果。

表 4.12　稻农稻田 CH_4 减排技术采纳频率的模型回归结果

解释变量	模型 1	模型 2
x_2	$-0.000\,4\ (-0.01)$	
x_3	$0.627\ (-1.22)$	$-0.421^{***}\ (-3.56)$
x_5	$0.074\,3\ (-1.36)$	
x_6	$-0.757\ (-1.15)$	$-1.804^{***}\ (-4.61)$
x_7	$-0.619\ (-1.20)$	
x_8	$20.61\ (-0.02)$	
x_{10}	$0.605\ (-1.69)$	
x_{12}	$-1.166^{*}\ (-2.23)$	
x_{13}	$1.973^{*}\ (-2.08)$	$1.823^{***}\ (-4.25)$
x_{14}	$0.003\,65\ (-0.56)$	$-0.003\,76^{**}\ (-3.06)$
x_{19}	$1.028\ (-0.84)$	$-0.819^{***}\ (-4.68)$
x_{20}	$-1.442^{*}\ (-2.00)$	
x_{23}	$-0.746\ (-1.32)$	$-1.050^{***}\ (-3.39)$
x_{24}	$-2.807\ (-1.79)$	$0.448\ (-1.69)$
x_{25}	$1.749^{*}\ (-2.09)$	$-0.385^{**}\ (-2.73)$
x_{26}	$-0.017\,3\ (-0.21)$	
x_{27}	$0.002\,95\ (-0.17)$	
x_{28}	$0.234\ (-1.11)$	$0.774^{***}\ (-4.78)$
x_{29}	$-3.681^{*}\ (-2.06)$	
x_{30}	$-0.577\ (-0.74)$	
x_{31}	$-0.197\ (-1.74)$	$0.112^{***}\ (-4.05)$
x_{32}	$-0.527^{*}\ (-2.07)$	$0.163^{*}\ (-2.17)$
湖南省	$1.214\ (-0.28)$	$-1.607^{***}\ (-4.22)$
浙江省	$3.372\ (-1.37)$	
常数项	$-11.77\ (-0.01)$	$0.388\ (-0.58)$

（续）

解释变量	模型 1	模型 2
模型整体检验统计量		

模型 1：

		模型 2：	
Number of observation	N＝237	Number of observation	N＝237
LR chi-square（12）	231.93	LR chi-square（24）	273.04
Prob＞chi-square	0	Prob＞chi-square	0
Pseudo R^2	0.323 3	Pseudo R^2	0.380 6

注：括号前的数字为回归系数，括号内数字为变量 t 检验值；＊、＊＊、＊＊＊表示统计检验分别达到 10％、5％和 1％的显著性水平。

根据表 4.12 模型计量结果，影响稻农稻田 CH_4 减排技术和管理措施采纳数量的主要因素、显著性和影响程度归纳及分析如下：

第一，受教育程度（x_3）、是否扩大种植面积（x_6）、种植面积（x_{14}）、机械化程度（x_{19}）、稻田土壤肥力（x_{23}）、当地交通条件（x_{25}），以上因素对稻农减排技术采纳数量产生负向效应。受教育程度与稻田减排技术采纳数量成显著负相关，与理论分析假设相反，在实地调研中发现，受教育程度越高的户主在减排技术采纳中越“精明”，他们普遍认为农业减排只是“噱头”且需要大大增加田间管理等劳动投入和生产成本，反而不倾向采用一体化减排技术，褚彩虹等（2012）在研究农户环境友好型农业技术行为实证分析中也得出了相同结论。从耕作规模看，家庭种植面积和扩大种植面积都对减排技术采纳数量起着负面效果，一般而言，上述稻田减排技术多数是劳动密集型技术，规模较大的农户采纳某些减排技术可能涉及雇工成本，而小规模农户却可以采用相对成本较低的家庭劳动力，Robert L. R.，et al（2003）和汤秋香等（2009）在研究农户保护性耕作技术采纳问题、喻永红和韩红云（2012）在分析稻农 IPM 技术采纳问题、Mariano M. J.，et al（2010）对稻农亲环境管理措施采纳分析时也得到了上述环境友好型技术采纳与种植规模呈显著负相关的结论。从农业生态环境来看，土壤肥力越低，往往日常需要施用化肥量越多，过量施用又会造成土壤板结进而影响水稻质量，而减排技术中养分管理侧重利用农业自身废弃物和农学原理提高土壤肥力，客观上对稻田土壤肥力差的稻农更具有一体化采纳的吸引力。但是，机械化程度和当地交通条件的计量结果与假设和其他研究不一致，鉴于农业减排技术的复杂性和风险性，目前还找不到合理的解释，有待进一步研究。

第二，是否是科技示范户（x_{13}）、稻田灌溉保障程度（x_{24}）、获取技术渠道数量（x_{28}）、一年内现场指导次数（x_{31}）、获得信贷的难易（x_{32}）等解释变量对稻农减排技术采纳数量产生正向影响。科技示范户是影响稻农减排技术采纳数量回归系数最大的，科技示范户一般了解和接受新技术的渠道较多以及试验示范的机会较多，在愿意采取低碳生产技术的情况下，较一般农户更容易更多采纳低碳技术。稻田水利基础设施保障程度越高，农户采纳新技术风险相对较小，越有可能采纳更多新技术和管理措施。获得技术渠道数量、一年内现场指导次数、获得信贷难易三个变量与采纳数量正相关，与采纳意愿影响因素 Logit 回归计量结果一样，再次显示了农技推广和信贷对提高农户减排技术采纳频率的重要作用，农技推广能提高农户对减排技术的学习和理解能力，而信贷（包括补贴）则直接提高农户对减排技术的采纳和应用能力。以上五大对减排技术采纳数量具有正效应的计量结论与理论假设一致，多数环境友好型农业技术采纳实证研究都得出了发挥科技示范户的试验示范作用、强化农业基础设施保障、加强农业技术推广、降低农业信贷"门槛"对技术采纳正相关的计量结果和政策建议。

第三，回归结果显示对照组，即不同省份对减排技术采纳数量存在地区差异。以江苏省为对照组，浙江省减排技术采纳数量与江苏省没有太大区别。而湖南省与前面二个省份在水稻种植减排技术采纳数量上存在明显差异，可能与气候条件和耕作制度和结构有关。结合第 5 章各省份农业年均碳排放和碳强度分析，浙江省和江苏省农业增长模式属于"低增长低排放模式"，湖南省属于"低增长高排放模式"，宏观基于碳排放的各省份农业增长模式和本章微观减排技术采纳数量体现的地区差异相吻合。

4.5　主要结论

本章以浙江省、江苏省、湖南省 237 户农户为有效样本，从农户的层面，对影响稻农稻田甲烷减排技术体系采纳意愿以及采纳数量的因素进行了实证研究，得出以下研究结论与启示：

减排技术采纳意愿 Logit 回归计量结果表明，农户对气候变化的认知是对减排技术采纳意愿正向影响程度最强的，其次依次为获得信贷的难易、获取技术渠道数量、家庭中从事农业生产的劳动力数量。调研表明，大部分农户感受到近 10 年气候变化，从采取的适应性行为来看，采用率排在前三位的依次为调整农时、增加化肥农药投入、调整种植结构，都属于被动性适应行为，其中增加化肥农药投入属于具有"高碳"倾向的适应行为；没有一个被访者认为农业也是导致气候变化的可能原因之一。从边际效应计量结果来看，农户对气候变化的认知能力每提高一个单位，对减排技术采纳意愿提高 25.5%，因此，遵循"认知是行为的基础"的基本逻辑，提高农户对气候变化的认知，重点让农户了解减排技术本身也是能降低农业对气候变化的脆弱性的，规避气候变化影响的减排技术能显著提高农户对减排技术采纳意愿。此外，获得信贷支持每提高一个单位，对农户采纳减排技术贡献约 10%，加强对低碳农业的扶持力度，尤其是低碳农机具购置和基础设施改善的补贴和金融支持，能降低低碳农业技术采纳"门槛"，提高采纳意愿；每增加一条渠道对减排技术采纳的贡献为 8.8%，通过农业技术推广社会化服务向农户提供减排技术信息、技术培训、田间指导，能提高农户对减排技术的认知和理解，进而提高采纳和扩散意愿；家庭中每增加一个劳动力对采纳减排技术的贡献增加 8.3%，很多农业减排技术是劳动密集型的，这在一定程度上限制了农户减排技术采纳意愿，一方面需特别强化水利基础设施建设，另一方面研发分别适用于小农户和大农场的规模中性减排技术（Mariano M. J.，et al，2012），以降低兼业化导致的家庭中从事农业生产劳动力不足对减排技术采纳意愿的抑制。

减排技术采纳数量（频率）计数模型计量结果显示，是否为科技示范户是影响稻农稻田 CH_4 减排技术采纳数量正向影响程度最强的，其次依次为获取技术渠道数量、稻田灌溉保障程度、获得信贷的难易、一年内现场指导次数。在由品种选育、水肥管理、耕作制度 3 大项 6 子项构成的稻田 CH_4 减排适用性技术体系中，平均采纳数量为 3.139；其中，"稻油/麦等水旱轮作""有机质施用时期"为调研区域传统耕作方式及具有一定实践基础位列 6 项减排技术前两位；而"应用肥料型、农药型甲烷抑制剂""低渗透率和氮素高效利用水稻新品种"稻农普遍担心是否会造成减产而位列后两位；两项涉及灌溉技术与模式的稻田减排技术或增加劳动力投入采纳率居中。在实地调研中，农户更强调眼见为实、更相信技术传播邻里试验示范效应，通过科技示范户作为早期技术采纳者对稻田 CH_4 减排技术试验，并给予一定的技物结合补贴，有利于减排技术采纳和扩散。其他四个正向显著影响因素表明农业技术推广服务（包括提供技术信息、技术培训、田间指导）、信贷的可获得性、农田水利基础设施不仅显著影响减排技术采纳意愿，而且也显著影响减排技术采纳数量。

从对减排技术采纳意愿和采纳数量显著负相关的影响因素来看，水稻种植经验和是否为科技示范户与减排技术采纳意愿成负相关。本研究认为可能的原因是种植经验越丰富的农户已经养成了"大水大肥"的高碳生产方式，而科技示范户多为以提高产量为导向的试验示范，目前农业减排技术在国家政策扶持导向上的忽视与农户技术采纳上的经济成本考虑，可能导致高碳技术对低碳技术的"挤出效应"。受教育程度、种植面积以及是否愿意扩大种植面积、机械化程度、稻田土壤肥力、当地交通条件对稻农减排技术采纳数量产生负向效应。实地调研中发现，受教育程度越高的户主在减排技术采纳中越"精明"，他们普遍认为农业减排只是"噱头"且需要大大增加田间管理等劳动投入和生产成本，反而不倾向采用一体化减排技术；种植面积和扩大种植面积都对减排技术采纳数量起着负面效果，一般而言，稻田减排技术多数是劳动密集型技术，规模较大的农户采纳某些减排技术可能涉及雇工成本，而小规模农户却可以采用相对成本较低的家庭劳动力；土壤肥力越低，往往单位面积施用化肥量更多，过量施用又造成土壤板结进而影响水稻质量，而减排技术中养分管理侧重利用农业自身废弃物和农学原理提高土壤肥力，对稻田土壤肥力差的稻农显示出更强的吸引力。但是，机械化程度和当地交通条件的计量结果与假设和其他研究不一致，鉴于农业减排技术的复杂性和风险性，目前还找不到合理的解释，有待进一步研究。

总体而言，提高农户对气候变化的认知能显著提高减排技术的采纳意愿，通过科技示范户对减排技术的试验示范能显著提高减排技术采纳数量，农业技术推广服务、信贷的可获得性、农田水利基础设施三个因素则同时显著影响采纳意愿和采纳数量。而诸如性别、非水稻（农业）收入比重、土地所有权等因素对减排技术采纳的影响几乎可以忽略不计，相关研究结论还有待日后通过更多农业生态区域和更大样本量以及不同农产品类型的调研进一步修正。

第二篇　低碳农业实践篇

第5章 浙江创意农业推进低碳农业发展的实践与创新

　　创意农业是把创意作为一种要素,把农业生产活动与工程、制造以及文化、艺术、美术等创意活动高度融合,遵循自然生态规律,以强化农业生产功能、优化农业生态功能、提升农业生活功能为目标的一种新型农业业态,是创意产业的一种新门类。它充满了创造力、想象力、艺术感染力和文化感召力,具有产品智造、文化创新、环境创美、生态创优等功能,既具有创意产业的一般属性又有农业产业的特殊属性(杨良山等,2013)。

　　近年来,我国上海、四川、河南、浙江等地创意农业发展迅猛。浙江全省上下高度重视创意农业发展,推动了农业投入方式、生产方式和组织方式的转变,提升了农业的科技含量,推进了高产、优质、高效、生态、安全的现代循环农业建设,提高了土地产出率、资源利用率和劳动生产率,有效化解了农产品质量安全与资源环境之间的矛盾,化解了市场需求与农业供给脱节的矛盾,在推动农业供给侧改革方面取得了明显的成效。从本质而言,创意农业是农村一、二、三产业融合的实践体现,其实践结果"提高了单位碳排放的农业产出水平"充分体现了低碳农业的核心。

5.1 新型主体发展创意蔬菜产业实现低碳农业发展的实践与创新

　　蔬菜产业作为浙江省农业十大主导产业之一,在浙江农业中的地位举足轻重,已成为促进农业增效、农民增收的支柱产业。近年来,随着全省蔬菜生产从注重量的扩张向更加注重质量效益提高的战略性转变,蔬菜种植环境污染和生态恶化,不仅成为阻碍农业持续发展和影响人体健康的重要因素,也成为蔬菜产业转型升级的主要障碍。发展无污染、安全优质的绿色蔬菜生产是社会和经济发展的需要,也是维护人类健康、保护环境、发展持续农业的当务之急。新型农业主体是浙江创意农业发展的主体力量。近年来,浙江各地新型农业经营主体充分发挥现代农业经营主体创意创新能力优势,大力发展创意农业。在蔬菜生产领域,新型农业经营主体以无土栽培技术为核心,以优新品种的引进为重点,不断创意、创新、完善,形成了具有较高推广价值的创意农业模式。

5.1.1　品种择优保品质，实现安全供给

通过引进试种国内外优新蔬菜瓜果品种，经过科学比选，选择品种进行较大面积的示范推广。如某家庭农场每年引进试种的品种 20 余个。引种成功的"粉娘"番茄口感好、产量高，深受生产者和消费者欢迎，引种的大南瓜单个重达 97.5 千克，并于 2008 年获得"浙江农业吉尼斯"最大南瓜记录证书，生产的小观赏南瓜单只重仅 0.5 千克，集观赏性、美食性于一体，深受市场欢迎，引种成功的"绿童"无籽西瓜，皮厚约 0.5 厘米，能承受 100 千克的重物。

5.1.2　基质创新避连障，实现稳定供给

无土栽培是破解土壤连作障碍的重要技术手段之一。浙江各地新型农业经营主体先后实验了气雾栽培、基质栽培、水培、漂浮栽培、人工浮岛栽培等先进栽培模式，创造性地发明了"椰糠为主，其他物质为辅""山核桃壳为主，其他物质为辅"等各种各样的栽培基质。特别是椰糠为主的栽培基质，具有原料椰糠贮存空间小、保水保肥性好、易消毒、固根性好、可循环利用等优点。目前该基质已在平湖、苍南等地的蔬菜专业合作社推广应用，得到广大用户的一致好评。栽培基质的成功创制，较好地解决了土壤连作障碍，为农户特别是新型农业经营主体实施专业化生产，减轻生产技术压力和管理压力提供了前提条件，促进了全省安全优质蔬菜生产和生态高效农业发展，大大推进了全省农业供给侧结构调整。

5.1.3　集中育苗省空间，实现足量供给

"壮苗一半收"，壮苗内在优良的潜力可以贯穿作物的一生。蔬菜瓜果的育苗时间绝大多数是冬季或夏季。要想在这样多变的环境下育出壮苗，就必须进行人为保护、调控环境，创建适宜幼苗生长的条件。浙江各地新型农业经营主体创制的集中育苗方式，因繁就简，采用大棚内套小拱棚、电热丝加热、穴盘基质育苗等技术措施，确保农户在极其简易的条件下，能以最少的投入，获得最好的育苗效果。种苗育成后，及时用便于移动的无纺布育苗袋分苗，集中管理，待气候条件适宜时，无损伤直接栽植。集中育苗的推广应用，不仅为市场提供了优质健康的蔬菜种苗，避免了大量病虫害的传播和扩散，减少了蔬菜生产过程中农药的施用量，为保障蔬菜产品安全，提高优质安全蔬菜的市场供应量，实现了蔬菜产品的供给侧结构调整。

5.1.4　大苗移栽抢时间，实现准时供给

在温室、大棚等设施生产中，采用多茬复种技术，提高复种指数，是增加

产量、提高效益的最有效方式。浙江各地新型农业经营主体创制的大苗移栽技术，充分利用小苗分苗后生长空间需求较小的特点，用方便移栽的育苗袋分苗后，即集中控温培育成大苗。既方便管理，减少水肥流失，又可确保种苗正常生长，待外界气温适宜时，直接移植，由于小苗始终生长在营养育苗袋中，移植后无缓苗期，不仅有利于蔬菜产品应对各种突发的气候变化，确保高产稳产，同时也由于避开了蔬菜种苗移栽的缓苗期，实现了蔬菜产品的提前上市，实现了蔬菜特别是许多特色蔬菜的错时上市和提前上市，不仅有效避免了严酷的市场竞争，同时也更加丰富了产品的市场供应，促进了产品市场的供给结构调整。

5.1.5 双层基质保壮秧，实现优质供给

基质栽培将植物的根系固定在基质中，通过滴灌或细流灌溉等方法，供给植物营养液。该模式采用双层基质的方式，彻底解决了植物根系的生长环境问题。即大苗移栽后，直接栽入装满基质的栽培袋（或栽培槽、栽培沟）内，植物根系自然生长，穿过育苗袋底部，进入下层栽培袋（或栽培槽、栽培沟），下层栽培袋（或栽培槽、栽培沟）为不漏水的塑料制成，浇水后多余的水分自然留在栽培袋（或栽培槽、栽培沟）底部，最大限度地减少了水分和肥料的流失，达到了节水节肥的目的。同时植物根系留在育苗袋内部分，始终保持干燥状态，可以最大限度地防止植株有关病害的发生，减少了农药的使用次数和施用量。

5.1.6 种养结合减排放，实现低碳供给

蔬菜生产过程中，同时产生大量的茎叶和残次蔬菜，营销过程中也会有部分蔬菜因为留放时间长而无法销售。浙江各地新型农业经营主体通过合理配置种养规模，科学种植皇竹草，皇竹草地养鸡，实施立体种养；路边空地、边角地种植菊苣等优质牧草，充分利用种植空间，实现种养结合；通过建设二氧化碳发生器等设施，不可饲用的农作物秸秆全部投入二氧化碳发生器，在相关微生物菌种的协助下，提高温室大棚内的二氧化碳浓度，冬季时还可提高大棚温度 $2\sim4℃$，发生器内放养蚯蚓，蚯蚓喂鸡，余渣和蚯蚓粪经过消毒处理后，与椰糠配比，添加生物杀虫菌肥后，形成新的栽培基质，既保证了有效资源的充分合理利用，又减少了废弃物的排放。

5.1.7 水肥一体省劳力，实现高效供给

"肥大水勤"，粗放的水肥施用方式不但造成了资源的浪费，而且过量的肥料随着水渗入地下，还容易造成环境的污染，人工浇水施肥不仅费时费力，而

且由于肥水无法实现精确控制，施肥效果不好，浪费更严重。水肥一体化技术能够加快作物对养分的吸收速度，减少因挥发、淋失带来的养分损失，同时也能节省劳动力，减轻劳动强度。浙江各地新型农业经营主体通过与国内外有关公司和技术人员合作，引进开发了适用于小规模温室大棚设施的水肥一体化设施，形成以滴灌技术为主体的水肥一体化技术系统，大大减轻了劳动强度，减少了劳动力用量。

5.1.8　生物菌肥添活力，实现生态供给

化肥农药的不合理施用，造成作物吸收营养的不平衡，长势不良，病虫害加剧，水果蔬菜外形不佳，耐储性下降，导致果不甜、瓜不香、菜无味以及有害物质含量超标等问题。为有效解决化肥农药施用对蔬菜品质的影响，该模式通过引进微生物菌剂、生物杀虫菌肥等生物肥药，以保证蔬菜品质。实验结果表明，微生物菌剂由于含有大量固氮、解磷、解钾活性菌，还含有几丁质酶、蛋白酶、纤维素酶等多种活性酶类和代谢产物，可以增强土壤肥力，促进作物生长，提高作物产量，抑菌抗虫，克肥连作障碍，改善作物品质等。生物杀虫菌肥由嗜几丁质类芽孢杆菌、侧孢芽孢杆菌、枯草芽孢杆菌等多种微生物组成，具有广谱、高效、安全、环保等特点，是一种比较理想的杀灭鳞翅目、直翅目、鞘翅目等多种病虫害的生物制剂，使用后取得了比较明显的效果。

5.1.9　盘栽叶菜促消费，实现创意供给

叶菜是人们喜食的家庭主要蔬菜，特别是长三角一带，叶菜是家庭主要消费蔬菜之一。然而常规叶菜生产，特别是夏秋季高温时，叶菜生产过程中虫害发生比较严重，生产者不得不依赖各种农药维持生产，因此产品质量安全隐患严重，同时叶菜不耐贮运，传统的生产销售方式难以保证产品新鲜度。浙江各地新型农业经营主体通过采用穴盘基质栽培叶菜，既可解决叶菜种植过程中产品的质量无法保证问题，又可解决叶菜不易贮运从而降低叶菜的新鲜度的问题，同时由于消费者购买的是带基质的活体叶菜，放在家里还有一定的观赏性，满足消费者观赏休闲的需要。该托盘叶菜生产模式已经申报国家发明专利技术。

5.1.10　微信营销拓市场，实现有效供给

微信，是一个生活方式。2011 年 1 月 21 日，微信发布了针对 iPhone 用户的 1.0 测试版。从此，许多人的生活被改变了。腾讯公司推出的这款免费应用程序，支持跨运营商、跨操作系统平台运行，可以发送文字、图片、语音和视频信息，并附有朋友圈、摇一摇、扫一扫、公众账号等功能。浙江各地新型农

业经营主体继成功开办农产品直销店后，又及时招聘专业技术人员开设了微信公众账号，同时聘请了专业的营销策划师，充分发挥微信客户资源广而优、创意空间大、时间弹性强、用户活跃度高的优势，成功实现口碑式营销和点对点营销。微信营销以其强有力的优势和多样的模式为产品营销开启了一扇崭新的大门。

5.2 创意农业推动传统产业发展实现低碳农业发展的实践与创新

浙江是中国龟鳖产业第一大省。全省甲鱼每年养殖产量达 15 万吨左右，是省内单个产值最高的水产养殖品种。随着甲鱼养殖业的发展，鱼粮争地、品质下降、环境污染等问题比较突出。浙江清溪鳖业有限公司（清溪鳖业）是浙江省农业龙头企业、湖州市农业龙头企业、德清县农业龙头企业，其负责人王根连，原是德清县农业科学所的水稻研究人员，1977 年就开始从事水稻育种工作。1992 年以来，公司从青虾养殖到青虾种苗繁育，从养殖温室鳖到养殖生态鳖，从繁育清溪花鳖到育成清溪乌鳖，从单纯养鳖到鳖稻轮作再到鳖稻共生再到繁育清溪香米，成功探索出促进水产生态养殖和粮食安全生产和谐发展的创意农业发展模式。

5.2.1 树立自然生态发展理念，实现生态供给

20 世纪 90 年代初期，我国甲鱼市场价每千克在 400 元以上。当时的甲鱼养殖场，都是全封闭的工厂化模式，投入非常大，巨额资金的投入非一般人能承受。同时全封闭的养殖模式下，甲鱼见不到生长必需的阳光，病害风险十分巨大，空气、水环境污染十分严重。由于资金缺乏，建不起全封闭温室养殖甲鱼，投身水产养殖的清溪鳖业因陋就简，利用塑料大棚温室与露天泥池相结合的方法养甲鱼，缓解资金不足的困境。

随着温室甲鱼养殖量的不断增多，甲鱼的市场供应量迅速增加，由于受养殖模式的限制，温室养殖甲鱼，其品质越来越不受消费者欢迎。清溪鳖业这种"不入流"的简易养殖条件养出的甲鱼却大受消费者青睐。普通甲鱼市价只有每 500 克十多元，外塘生态养殖的甲鱼因为野性大、活力强、口味鲜而卖到 48 元/500 克，并被评为省农博会金奖。

2005 年 12 月，清溪鳖业开始大规模实行这一全新的甲鱼生态养殖模式——让养殖场里的甲鱼离开温室，以完全自然的冬眠方式过冬。这种新型的养殖方式不但节省了大量成本，更提高了甲鱼的品质。经过冬眠的甲鱼，活性和抗病力大大增强。这一新技术也引起了行内的关注。公司产的甲鱼以生态自然的清新口味而名列杭州市十大品牌甲鱼销售排行榜冠军。

5.2.2　培育自主知识产权品种，实现创新供给

德清县境内有一个中华鳖品种，该鳖属于中华鳖品种中的一个优良分支，其体形优美，裙边宽厚，营养丰富，味道鲜美，是我国特有的、十分珍稀的水产经济动物。1996 年，清溪鳖业在多年养鳖实践的基础上，成功应用野生鳖种提纯，培育出德清花鳖良种。此后公司养殖的鳖连年被杭州市养鳖协会评为名牌甲鱼，还在中国浙江首届渔业博览会和中国浙江国际农业博览会上荣获金奖，2002 年 8 月又被评为省消费者协会推荐的唯一品牌甲鱼。

乌鳖原产于太湖流域，它的全身乌黑铮亮，肌肉中蛋氨基酸含量几乎是其他鳖的 2 倍，二十五碳五烯酸 EPA 和二十二碳六烯酸 DHA 总量高达 17.08%，富含黑色素，具有消除自由基、抗氧化，提高免疫力等功能，营养价值非常高。1992 年清溪鳖业着手开始挑选出发育完全、遗传性稳定的乌鳖进行培育。经过近十年的试验，终于破解了乌鳖的遗传性不稳定的技术难题。2008 年 3 月，由浙江清溪鳖业有限公司和浙江省水产引种育种中心联合培育的"清溪乌鳖"，在第四届全国水产原种和良种审定委员会第一次全体委员会议上，通过了农业部原种和良种审定委员会新品种认定。目前，公司在德清建立了全国首个国家级乌鳖繁育中心，清溪乌鳖已经成功选育到子二代，养殖的乌鳖达到了几十万只，产品畅销北京、杭州等地。

德清自古是鱼米之乡。由于缺乏优质水稻品种、生产技术和优质水稻生产基地，市场中的德清大米一直没有形成响亮的品牌。1977 年就开始从事水稻育种工作的王根连，对水稻种植始终有很深的感情，并且一直在思考将德清大米打造成为大米市场中的名牌产品。2006 年始，他在沈阳、湖南、海南、江苏等优质米产区"海选"稻种。通过四选一方式的层层筛选，选择了满意的稻种。此后又与有关科研院所合作，在海南建立南繁基地，成功繁育出清溪香米品种。

5.2.3　建立能渔能粮生产基地，实现优化供给

我国人口众多，耕地面积少，人均耕地不足，严格保护耕地是我国各级政府长期坚持的一项基本政策。为了确保不破坏耕地，清溪鳖业对甲鱼养殖池进行了特别设计。公司所有的鳖池并不是通过下挖而筑成的，而是直接在水田四周用砖砌成围墙，内侧用水泥抹平防漏水，池底就是原来的水田，这种池塘，不仅耕作层没被破坏，连池塘形状也不是常见的上宽下窄的梯形，最大限度地保证了有效养殖面积，同时这种池塘灌上水就可养鳖，放干水就能种粮。鳖池随时可以重新变为粮田。

5.2.4 探索生态循环生产模式，实现低碳供给

甲鱼生态养殖生产周期长，一般池塘需要连续养殖三年，三年以后，甲鱼粪便堆积，土壤富营养化严重。常规的晒塘消毒无法改善池塘的生态环境，而由于不能破坏耕作层，甲鱼塘不能像常规鱼塘一样通过清淤来改善池塘养殖环境。三年淤积下来的鱼塘土含有大量的氮、磷以及其他有机质，又是水稻等农作物的最佳肥料。为了解决这一矛盾，清溪鳖业果断放水种稻，利用水稻充分吸收塘泥中的有机质和养分。试验表明，鳖池丰富的养分不仅让水稻亩产量比普通稻田提高 10%～20%，鳖粪独特的营养成分，也使得稻米的品质得到了提高，同时由于鳖的各种病菌在种养转换间大部分会被消灭，也大大减少了下一茬养殖中鳖的各种病害，真正实现了"养为种服务，种为养服务"的良性循环。此后，清溪鳖业又不断创新，发展鳖与大小麦、油菜等冬季经济作物轮作，形成了一套完整的"鳖粮轮作"模式。这种新型的种养轮作模式，大大缓解了"鱼粮争地"的矛盾。

5.2.5 创制绿色生态生产设施，实现绿色供给

引进优质稻米品种，实施鳖稻轮作，稻田肥料、稻种都得到了有力保障，鳖稻轮作取得了巨大成功。为了更加充分地发挥鳖粪稻的市场价值，清溪实业致力于高端有机稻米的生产。为了解决有机大米不能施农药的问题，结合主要病虫害的发生规律和特点，清溪实业借鉴了当地保证夏季叶菜生产安全，不施或少施农药而采用的防虫网栽培模式，大胆提出了用防虫网阻隔害虫的想法，并精心设计了一个奇异的单个面积达 4.27 公顷的超级防虫网，一次建了三个。这种巨型防虫网用尼龙网拼结而成，强度非常大，间隔几米就用柱子撑起，尼龙网的网眼约 1 毫米左右，一般的飞虫根本进不去。由于水稻从播种、插秧到收割，整个生长过程都在防虫网内完成，害虫无法进入，水稻生产过程都无须打农药。这种方法生产的"帐子大米"，得到了市场的广泛认可，售价最高的达到每千克 70 多元。目前"帐子大米"供不应求，远销哈尔滨等北方优质米生产区。这种创新方法引起了农业界人士的关注，并给予了高度肯定。浙江清溪实业有限公司也申报了"帐子大米"的国家专利。由《浙江日报》、"浙江在线"联合举办的 2007 "两年创"新闻人物候选人，清溪实业公司负责人王根连因为发明了"帐子大米"而榜上有名。

5.2.6 形成稻鳖共生发展模式，实现科学供给

"稻鳖轮作"，尽管较好地解决了种稻的肥料和养鳖的病害等问题，但这种模式，种了田就不能养鳖、养了鳖就不能种稻，水田的利用率比较低。而且由

于直播稻密度大，不透风、光照不良，容易发生病虫害。

2011 年，为了更好实施鳖稻轮作和促进德清县优质大米生产，清溪实业建设了面积达 1 万多平方米的工厂化育秧中心，这个现代化育秧中心的建立，不仅较好地解决了水稻育秧、机插等问题，同时也催生了一种全新的水田生产模式——稻鳖共生。实践表明，采用机械化插秧技术的稻田，特别是通过实施宽窄行种植后，水稻种植密度减小，稻田不但通风好、光照强，禾苗健壮成长，而且由于机插的秧苗间距较宽、成行成列，田间有了绿色通道，在这种情况下，甲鱼在稻田里活动不仅不容易受伤，而且也不容易损伤禾苗，可以实现甲鱼与水稻的和谐共生。同时通过采用深水浅水交替灌溉等技术措施，将褐稻虱等害虫连虫带卵淹死。

稻鳖共生，稻鳖同时生产、生长，大大提高了土地利用率，缩短了时间差。一块地由于几乎不间断同时使用，土地产出即使亩产不增加，总产量与产值都比原先的模式有了较大幅度的增长。在稻鳖共生模式下，水稻生长直接吸收了花鳖排泄的粪便，同样免去了化肥的使用；由于有花鳖在田间生长，稻田治虫会直接影响花鳖成活和肉质质量，因此从根本上杜绝使用农药的念头，保证了农产品的品质与安全。甲鱼和水稻生活在一起，像是回归到了野生环境，福利条件大为改善。甲鱼可以躲在水稻丛中玩耍，吃的"野东西"更多了，稻田里、水稻叶上的虫、蛙、螺、草籽等，这都是以前在单纯的养鳖池里吃不到的天然饲料，通过公母甲鱼分田饲养，防止了甲鱼之间因互相撕咬而受伤。对于水稻来说，不需要除草、施肥和用药，提高了大米的品质。

这种模式也被称之为是一项"德清农民创造"。2013 年，"鳖稻共生种养方法"成功申报国家发明专利。

5.2.7　引领营销服务先进理念，实现及时供给

随着人民生活水平的提高，人们对粮食的需求也从数量消费型向质量消费型转变，日益注重粮食的质量和营养。大米中蛋白质的含量和质量对大米的各种特性和用途产生重要的影响。品质、生长期、光照、肥料等均是影响稻米品质的因素。在长期的水稻生产管理实践中，清溪鳖业深刻地认识到，稻谷的贮存温度是影响稻米品质的主要因素之一。有研究表明，控温贮存对大米品质的保鲜具有明显的效果。为了保证大米的新鲜品质，公司的稻谷在收割以后，经干燥后直接放入 15℃ 以内、相对湿度 60% 以下的冷藏库贮存，至少保持稻谷 1 年以上的寿命，并能和第二年新产的稻谷接上。为了尽可能减少稻米加工暴露在外的时间，公司采用会员制的销售模式，有计划地生产、加工和配送。通过专业储存、统配统送，让每个会员家庭每月吃上新鲜大米。

5.2.8　创新中华传统农业文化，实现综合供给

鳖营养丰富，含有蛋白质、脂肪、钙、铁、动物胶、角蛋白及多种维生素，是不可多得的滋补品。《神农本草经》中有："鳖可补痨伤，壮阳气，大补阴之不足"。我国吃鳖历史悠久，鳖文化源远流长，但自古以来，普通消费者对鳖的繁育生长过程知之甚少，吃鳖以清蒸和红烧为主。为打响清溪品牌，做好鳖文化，自 2005 年起，每年的 4 月到 8 月，公司都会邀请数千名消费者参观生产基地，请消费者来看看养甲鱼的环境，了解"清溪花鳖"的绿色生产过程，切身感受公司的生态理念，同时也便于消费者对公司的生产过程进行监督，同时积极开发以鳖为原料的餐饮、加工等产业。目前，上甲鱼村看甲鱼生蛋、孵化小鳖、甲鱼吃食等过程，了解甲鱼的生长习性；吃甲鱼宴，50 多道甲鱼菜中，既有最普通的清蒸甲鱼，也有油炸稚鳖、甲鱼冻等各种特色甲鱼菜，还有"鳖羊合蒸""花鳖羊肉"等中国传统名菜；参与钓甲鱼、欣赏高手的钓甲鱼表演；登上"碉楼"，俯视稻鳖共生大米生产基地的全貌；品以清溪花鳖血为原料生产的"清溪牌宁宝片"保健品，尝以清溪鳖血等为原料酿造的"清溪鳖酒"等餐饮服务、观光休闲项目，经过多年的发展，清溪鳖业已由单一的养殖发展到加工、种苗繁殖、科研、农业观光等多个领域。

5.3　产业融合推动新兴产业发展实现低碳农业发展的实践与创新

我国铁皮石斛的使用和研究已有 2 000 多年的历史。成书于 1 000 多年前的道家经典《道藏》提到，铁皮石斛位居"中华九大仙草"之首。秦汉时期的《神农本草经》则载铁皮石斛"主伤中、除痹、下气、补五脏虚劳羸瘦、强阴，久服厚肠胃"。《本草纲目》称铁皮石斛"强阴益精，厚肠胃，补内绝不足，平胃气，长肌肉，益智除惊，轻身延年"。

浙江的乐清、天台、临安等地，是野生铁皮石斛的原产地。20 世纪 90 年代起，浙江在全国率先成功实现铁皮石斛产业化开发利用，变"草"为宝，成为农民增收致富的途径之一。据浙江省中药材产业协会 2013 年年底统计结果，全省铁皮石斛种植基地 0.12 万公顷，有医药企业、种植企业、专业合作社、种植大户基地近 100 家，其中基地规模 6.67 公顷以上的有 40 家，66.67 公顷以上的有 4 家，遍布天台、乐清、义乌、武义、金华、临安、建德、淳安、嵊州、庆元、玉环、温岭、新昌、上虞、景宁等县市区。浙江铁皮石斛产业的创意发展，为我国珍稀濒危药用植物的保护和开发利用树立了典范。

5.3.1　做贸易收获致富首金，依赖自然供给

在乐清市双峰乡平园村，早在明清时期，当地就有村民经常上山去采摘一种被当地人称为"仙草"的野草，这种仙草具有清热解毒功效、治牙病特别灵验。有一年夏天，几位来雁荡山旅游的上海市土畜产进出口公司的客人偶然看到了村民家的"仙草"，并开始大量收购这种"仙草"。村民们这才真正认识到"仙草"的价值，其在东南亚市场上是极受欢迎的天然滋补佳品。从此平园村从事石斛采摘和加工的村民越来越多，村民家的石斛也不愁销路。短短几年时间，平园村就成了全国惟一的枫斗集散地。随着平园村枫斗加工的日渐成熟，对新鲜石斛的需求量也急速倍增。于是，有村民就深入到浙江、江西、广东、湖南、广西、云南、福建等全国各地的山川峡谷寻找石斛。

1983 年，村民金良标开始南下深圳，与香港、泰国等地的客户做铁皮枫斗的生意，并迅速打开了东南亚市场，通过深圳这个改革开放的窗口，源源不断地把雁荡山的铁皮枫斗销往国外。由于当时的铁皮枫斗还没有人工繁殖的，都是天然野生的，价格比黄金还要贵，利润也非常可观，每千克就可获毛利千余元，一年销售的枫斗可达六七十吨，最多的一次一笔业务就成交了 500 千克。到 20 世纪 80 年代末，通过经销铁皮枫斗，金良标不仅积累了相当可观的财富，而且还成了温州铁皮枫斗在东南亚市场的"代言人"。

5.3.2　钻栽培开辟广阔天地，实现充足供给

铁皮石斛是一种生长缓慢、对自然环境要求极高、自身繁殖能力很低的附生植物，由于生态环境恶化加之掠夺性采收，导致野生铁皮石斛资源濒临枯竭，在药材界被称为"植物大熊猫"，我国也于 1981 年把野生石斛纳入国家保护的珍稀濒危植物。铁皮石斛的人工栽培是一个世界性的难题，日本从 1932 年起不间断研究铁皮石斛的人工栽培技术，60 余年均未获成功。欧洲的专家穷尽 20 多年心血，也没有成功，因而铁皮石斛人工栽培又有药学上的"哥德巴赫猜想"之称。

1991 年，浙江省医学科学院的研究人员运用生物技术进行引种苗的无性快速试管繁殖和人工野外栽种，成活率达到 80％以上；1992 年，天台人陈立钻的石斛人工大田栽培成功；1997 年 9 月，义乌人俞巧仙在义乌成立铁皮石斛研究所，并与浙江大学、上海中药研究所等单位合作，开始了野生铁皮石斛人工组织培养高产栽培研究与综合开发。2001 年起，他们承担完成了国家"十五"科技攻关项目，通过成果转化，亩产鲜铁皮石斛 600 千克以上，大面积的人工栽培获得成功。此后又通过广泛收集铁皮石斛种质，筛选出适合当地栽培的森山 1 号优质高产品种。在有关科研院校实验室的合作下，在国内率先

完成了 DNA 分子标计、同工酶测定工作，对栽培品种建立了 DNA 指纹图谱；国内外首创建立了铁皮石斛种子的超干保存技术，为铁皮石斛和质长期保存提供了新方法。

2000 年，天目药业的研发人员与浙江大学、浙江省医学科学院的合作，对铁皮石斛的开发和利用进行了深入研究，建立了组培和大棚栽培基地。通过组织培养和大棚栽培等一系列措施，已成功实现野生品种天目山铁皮石斛的规模化生产。培育的铁皮石斛品种"天目山铁皮石斛"产量稳定，抗冻性较强，综合性状优良。此后，浙江天皇药业有限公司应用现代生物工程技术，采用植物细胞组织培养、无性繁殖方法生产铁皮石斛植株，进行大面积农田栽培，成功解决了野生资源保护和药用开发的矛盾。天皇药业位于天台的 167.13 公顷铁皮石斛种植基地，还通过了国家医药管理局组织的 GAP 认证，成为全国获此殊荣的第一家铁皮石斛生产企业。

5.3.3 深加工拉长产业链条，实现全面供给

铁皮石斛加工历史悠久。天台山的早期药农一旦采得铁皮石斛，为便于珍藏，通常把铁皮石斛的茎经过修制、揉制、整形、烘干等过程，将其加工成螺旋状的干品，即"铁皮枫斗"，或称"仙斗"。胡庆余堂自 1874 年就开始生产用于明目的石斛夜光丸。1990 年，金良标在香港注册成立的华南药业有限公司，以铁皮枫斗和西洋参为原料，委托深圳一家制药厂研制出了一种"铁皮石斛花旗参精"，并成为当时国内最早成型的铁皮石斛类保健产品。1993 年，浙江天皇药业在天台对铁皮石斛人工栽培取得成功之后，率先在国内推出了铁皮枫斗、铁皮枫斗晶、铁皮枫斗含片等铁皮石斛加工品，从而迈出了铁皮石斛产业发展的第一步。1997 年浙江民康天然植物制品有限公司陆续推出了铁皮枫斗胶囊、咀嚼片、颗粒剂铁皮石斛加工产品。2001 年 3 月，公司研制的雁荡山牌铁皮枫斗产品荣获国家卫生部正式批准的"卫食健字"文号，成为全国首家经卫生部批准的铁皮枫斗保健食品生产企业，并先后成功开发石斛酒、石斛醋等新产品。

2003 年天目药业公司将纳米技术、低温薄膜浓缩、喷雾干燥等领先工艺，运用到了铁皮石斛保健食品的生产上，开发出天目山牌铁皮石斛软胶囊、铁皮枫斗颗粒等 5 个产品。

5.3.4 活营销培育知名品牌，实现高端供给

浙江铁皮石斛产业发展过程中，有关企业主动开展营销创意，创新营销模式，实现实至名归，取得了十分明显的成效。通过开展口碑营销和利用名人效应，在较短的时间内充分展示了铁皮石斛深厚的文化和医药内涵；通过开展体

验营销，迅速树立了消费者的品牌信心；通过鲜品营销，让铁皮石斛迅速进入百姓家庭，化解了普通消费者心中诸多的疑虑。

浙江天皇药业有限公司通过采取口碑营销策略，成功树立了"立钻"保健品牌的良好形象，展示了铁皮石斛深厚的文化和医药内涵。1994 年向中国科学院的科学家们捐赠铁皮枫斗晶，邀请全国人大、全国政协、国家科委和中国科学院的领导及 30 多位科学家出席了捐赠仪式。天皇药业还因所提供的铁皮枫斗晶良好的保健效果而获赠了巴金老人亲笔签名的《巴金家书》。这种自上而下的口碑营销收效明显，在浙江、上海、江苏等地，当年被误解为金属"铁皮"的立钻牌铁皮枫斗颗粒早已成了妇孺皆知的名贵中药品牌。

2003 年，浙江森宇联合国际著名社会活动家陈香梅女士，在朱丹溪故里义乌合作成立了"香梅中药文化研究会"，陈香梅还欣然出任森宇董事局名誉主席。借力陈香梅女士的人格魅力和她在海外的重要影响，为森宇早日扬名海外找到了一条最佳的路径。2007 年年初，在陈香梅女士的推荐下，浙江森宇控股集团出席了由朱德研究院主办，中共中央文献研究室、中央军事科学院联合朱德家属协办的纪念朱德诞辰《百将齐颂总司令》新年茶话会活动。森山铁皮枫斗系列产品，作为主办方选定的唯一健康产品，受到与会的 147 名将军称赞。森宇集团也被授予"关注共和国百名将军健康特别贡献奖"荣誉奖牌。

5.3.5　重体验重树品牌信心，实现守信供给

随着铁皮石斛的市场影响力日益扩大，浙江部分地区出现了"市巷皆枫斗、满街是铁皮"的景象。到 2006 年年初，铁皮石斛类保健食品曾一度占据浙江省保健食品市场的半壁江山，在保健食品销量排行榜上也总是"榜上有名"。2006 年 2 月，中央电视台新闻频道《每周质量报告》和国家食品药品监督局，曝光了某知名厂家生产的铁皮石斛颗粒产品涉嫌用普通石斛冒充铁皮石斛等以次充好、以假充真行为，同时也揭露了整个行业存在的一些问题，引发了消费者对铁皮石斛行业的信任危机。铁皮石斛、铁皮枫斗类保健食品，经历了从炙手可热到几乎无人问津的大起大落，市场陷入瘫痪，销量几乎为零。据当时中国保健协会保健品市场工作委员会的调查，生产石斛产品的杭州某药业公司，日销售业绩曾破天荒地出现了零纪录。以枫斗加工为重要农副产业的浙江乐清，由于信任危机，不仅国内市场枫斗产品滞销，而且出口几乎终止。

为了拯救铁皮枫斗产业，重塑铁皮枫斗千年形象，让更多的国民深入了解铁皮枫斗的真实信息，"森山"铁皮枫斗组织了第一个"杭城消费者铁皮枫斗百人鉴真团"，赴"森山"铁皮枫斗基地实地考察鉴真。此举在省城杭州掀起了巨大的波澜。此后"森山"铁皮枫斗开始系统组织跨越全年的"感恩·鉴真"大型社会公益活动。从开始的每周一团，到后来的每周两团、三团、四

团，先后有数十批次、上万人亲眼鉴证了"森山"的真面目。公司同时还邀请在业内被称为"中国铁皮枫斗之父"的张治国教授亲自为游客做技术讲解。

浙江民康药业有限公司则在杭州河坊街上开出了"枫斗世家"专卖店，在那里，游客不仅可以免费品尝枫斗泡制的茶水，还可阅读枫斗专著，增强辨别真假铁皮枫斗产品的能力。石斛种类较多，加工成成品以后形状又极为相像。长期以来，对铁皮石斛的分辨主要依靠有经验的农民、企业质检人员积累的经验加以辨别。为了彻底打消消费者对真品铁皮石斛的疑虑，杭州天厨莲花生物有限公司与专家们共同研究开发了一种叫"益生技术"的保鲜法，通过高科技的手段，保持铁皮石斛自身的生存能力，达到保（新）鲜、保活（性）的目的。也就是说，虽然铁皮石斛已经离土，但还是"活"的。通过这种技术处理过的铁皮石斛，不需要冷藏，不需要烘干就能长期保鲜。新鲜的铁皮石斛装在盒子里，每天服用的时候，随服随拿，天天新鲜，非常方便。鲜吃铁皮石斛不但保证了吃的是真材实料，而且保健效果更好，深受消费者的欢迎。

5.3.6 仿野生再现八仙过海，实现生态供给

铁皮石斛对生长环境的要求非常高，最初的人工栽培均须采用大棚栽培、温室栽培、温湿度控制、光照控制，而且还要占用大量的良田。铁皮石斛的人工栽培前期投资大，生产成本一直很高，必须具有一定资金实力才能进行生产，普通的群众根本没有能力栽培，严重制约了铁皮石斛的快速发展。

野生铁皮石斛生长习性的不断发现，衍生出了多种多样的仿野生栽培模式。2009 年，温州有村民承包山林，在树上培植石斛，获得成功。他将石斛固定在树干上，让石斛自身的气根缠绕在树上，完全呈自然状态下生长。这种仿野生人工种植石斛，比大棚种植石斛药效成分更高，市场价格也比普通铁皮石斛高出三倍多。

浙江农林大学斯金平教授和浙江森宇实业有限公司、金华寿仙谷药业有限公司、杭州天目山药业股份有限公司等企业合作，驯化出了"森山 1 号""仙斛 1 号""天斛 1 号"等新品种。在栽培基质方面，选用树皮、河卵石和有机肥等作为基质，开发出高效设施仿生栽培模式。充分发挥"森山 1 号""仙斛 1 号"等具有的抗寒性较好、抗病性强、高产稳产、多糖含量特别高等优势，创新性地开发出在树干上种植铁皮石斛的新技术——活树附生原生态栽培模式，大大降低种植成本，提高了铁皮石斛的产量，为群众开辟了一条新的致富路。

此后，浙江省内各地铁皮石斛生产者创造性地开拓各种仿野生栽培模式。如有的把铁皮石斛栽植于杨梅树上、栽植于毛竹空腔内，有的栽植于伐倒的杉木上，有的栽植于花盆内，挂在各种树枝上，有的栽植于砖墙上，有的栽植于

竖立的人造栽培树上，充分利用各种空间和自然条件，实现铁皮石斛的仿野生栽培。

5.4　全产业链发展催生新兴产业实现低碳农业发展的实践与创新

德清县地处浙江省北部，全县土地总面积937.93平方公里，其中水域面积（湖泊、河流水面）7 279.87公顷，滩涂沼泽面积169.81公顷。全县星罗棋布的湖泊、水库、池塘和密如蛛网的河流、小溪，曾是德清县以四大家鱼为主的传统水产业发展的得天独厚的条件。但是自从1992年起，德清县这种依赖自然水域发展水产养殖业的模式被彻底改变，新的养殖模式和养殖品种层出不穷，其中比较典型的就是青虾产业的大发展，造就了一种全社会共同创新、全方位创新，催生新兴产生并促进产业发展的创意农业发展模式，向人们展现了创意农业发展的无穷的魅力。

5.4.1　农作创新培育新兴产业，实现人无我有

淡水青虾学名日本沼虾，又称青虾。其味鲜美，深受消费者喜爱，是淡水虾类中的优良品种，广泛生活在湖泊、河沟之中，最喜栖息于多水草的浅水水域。德清青虾具有壳薄而光泽好、肉质饱满有韧性、低脂肪、高蛋白、味道鲜美、营养丰富等特点，为城乡居民所喜爱。1992年以前，德清县青虾均野生在自然水域或养殖鱼塘，当地农民在放笼捕鱼时，经常捕到小虾，作为附产品出售，由于产量少，市场上很难见到，即使偶尔能看到有青虾出售，价格也是特别高，售价达到每千克140元，是当时四大家鱼的几十倍。

1992年，德清县三合乡一承包低洼田养鱼的农民受家鱼养殖的启发，试着收集了一些小野虾，放到池塘里，开始像养家鱼一样养起来，从此开创了德清县青虾养殖的新模式。青虾属杂食性动物，幼体以浮游生物为主，成虾则以水生植物的腐败茎叶及鱼类尸体为食。人工养虾以前没有经历过，该给虾吃什么？也颇费了青虾试养者的许多心思。他先后把家里吃剩的米饭、小杂鱼剁碎搅拌着喂虾，但相对较高的成本，养殖户难以承受。当时，德清珍珠养殖产业规模较大，河蚌取出珍珠后蚌肉没啥用场，他就采集河蚌肉，试着把饭、鱼蚌肉拌混着喂。事实证明，这种饲养方法非常成功，当年虾塘每亩产值达到730元。到1997年，该农民承包了25亩水稻田，专业从事青虾养殖，并成了该乡的青虾养殖大户，产量逐年提高，效益也一年比一年好。

5.4.2　制度创新促进规模发展，实现充分供给

农民养虾致富的事一传十、十传百，人工养殖青虾迅速在全乡发展起来。

一开始，稻田养虾并不破坏耕作层，不影响粮食生产能力，后来受利益的驱动，三合乡的青虾养殖不仅养殖规模迅速发展，而且养殖模式也在悄然发生着变化。到 1996 年，为了提高养殖效益，有村民雇来推土机，将稻田深挖成虾塘。德清县是浙江省农业大县之一，当时也是浙江的粮食主产地，粮食定购任务量大。在当时以粮为纲，千万不要放松粮食生产的政策背景下，村民挖深稻田养虾与当时的政策是背道而驰的。一时间，举报信雪片似地飞到了县乡两级相关领导的办公桌上。当时的德清县农委立即组成调查组，进驻该村。但让调查组疑惑的是，稻田养虾已不再是个案。在三合乡几乎每个村都有村民在养虾，全乡稻田养虾的面积大约有 66.67 公顷，已占到全乡粮田的 15%。而且养殖户们的收益都不错，更重要的是，大部分群众都想腾出一些排灌不便的田块养虾，以增加收入。虽然上面仍强调种粮，但县农委将三合乡养虾的实际情况以及大多数农民的心声向县里主要领导进行了汇报。经过领导们多次讨论，最后县里采取了不提倡、不反对的态度，默许并关注着张桥、石桥、塘家琪等村人工养虾业的发展。

随着产业结构调整政策的逐步放宽，德清县委县政府先后发布了《关于加快德清县名特优水产品的若干意见》《关于加快调整和优化农匚种养结构、大力发展效益农业的实施意见》等政策文件，并制定了相关的扶持措施，安排了相应的财政资金，鼓励农民调整农业产业结构、培育专业营销大户，德清县的青虾养殖从此走上了规模化养殖之路。1997 年，德清全县的青虾养殖面积是 333.33 公顷，到 1998 年年底是 800 公顷，到 2000 年是 6 573.33 公顷，产量 6 000 吨，产值 2 亿元。

5.4.3　管理创新促进全面发展，实现稳定供给

青虾效益虽好，但形成产业进展缓慢，出现了隔块水田隔块虾，穿插不齐的现象，不利青虾产业的规模化发展。针对这一情况，1996 年起，德清县开始推动土地"双田制"改革，特别是 1998 年，通过抓土地延包 30 年工作，确立了土地所有权、承包权、经营权三权分离的体制，抓住这一契机，在合理调整粮经比例的基础上，统一规划，制订效益农业发展计划，土地实行全面的流转机制，通过返租倒包，委托发包，农户自愿转包相结合等多种方式，促进土地经营权向经营大户集中，当时的三合乡 15% 的农户承包了全乡 74.4% 的水田养殖青虾。同时通过政府引导，建设千亩青虾示范基地，推动全县青虾养殖规模化发展，最后全乡形成集中连片的万亩青虾示范基地。

随着青虾养殖规模的不断扩大，天然饲料的供应远远满足不了青虾产业发展的需要。1996 年，有村民办起了青虾饲料加工厂，年加工 300 吨虾饲料。经过不断创新，德清的青虾养殖人逐渐引进并研制出了人工配合虾饲料，全县

青虾饲料生产、加工企业达到 40 余家，解决了青虾大规模养殖的饲料问题。推动全县青虾养殖规模迈上了一个新的台阶，也为全县青虾养殖业的规模发展提供了前提条件。此外，德清县还出现了 2 个虾笼制造专业村，利用德清县充足的毛竹资源生产专业的虾笼，实现了全县青虾和毛竹产业的大融合。三合乡的一个村 281 户农户，家家户户从事青虾养殖业，养虾、贩虾，从饲料加工到虾笼制作，相关产业全面发展，成了全国有名的"青虾专业村"，三合乡也成了全国青虾之乡。

随着青虾养殖业的发展，德清县青虾专业营销队伍异军突起，全县出现了一支专业的青虾营销专业队伍，总规模曾达 600 多人，并拥有专业运输汽车 300 余辆。青虾养殖面积不断扩大，出现了青虾卖难的问题，三合乡积极主动同县委县府取得联系，在有关部门的重视和支持下，于 1998 年冬，投资办起了面积达 2 200 平方米的全县第一个青虾专业交易市场。随后，德清县钟管青虾交易市场以及青虾交易点在县内各地陆续兴建，四方贩客蜂拥而至，德清县青虾养殖户逐渐实现了青虾销售不出德清。

2000 年，由德清县委书记亲自命名的德清县青虾医院成立，医院以为养殖户提供完善的服务为宗旨，其网络遍及全县各养殖区，在取得良好社会效益的同时，也创造了一定的经济效益。后来随着全县特种水产养殖业的发展，青虾医院扩建为县水产医院。

5.4.4　营销创新推动转型提升，实现优质供给

青虾养殖规模的扩大，青虾产量的迅速增长，同时也给德清青虾带来了销售难题。当地各级政府部门想虾农所想，急虾农所急，财政出资在钱江台、浙江有线电视台发布青虾广告，并且在 09 省道等国省道上建设广告牌，广泛宣传德清青虾。同时通过各种途径，扩大德清青虾及青虾产业的知名度。2000 年 11 月，中央电视台《金土地》节目组到德清拍摄专题片《青虾行动》；2001 年，《经济日报》刊登了当时的《莫干山报》记者采写的长篇通讯《山上栽金，水中捞银》，介绍了德清县青虾与早园笋这两大效益农业中的支柱产业给德清农民带来的巨大变化。2001 年 9 月时任国务院副总理的温家宝，来到德清农民养殖青虾的池塘边进行视察，并与当地干部群众交流效益农业的发展。

随着市场竞争不断加剧，为促进青虾产业持续健康发展，德清县成立了水产协会，注册了"水精灵"青虾区域商标，2003 年，"水精灵"青虾生产基地通过浙江省海洋与渔业局无公害农产品产地认定，2009 年，"水精灵"青虾生产基地通过国家级青虾养殖标准化示范基地的验收，并被评为浙江省名牌农产品。德清县吴越水产养殖有限公司注册"归毛头"商标，2011 年被认定为省著名商标。

5.4.5 科技创新保障持续发展，实现永续供给

随着青虾产业的发展，虾农们发现，本来大个头的虾，养了几年以后，头越来越大，身子越来越小，肉越来越没了。县农业局的技术员对青虾变小的原因进行调查发现，除了青虾品种退化外，长期单一养殖青虾使虾塘的水质受到了污染，不规范用药和饲料等也是造成青虾变小的主要原因。于是德清县提出了建设无公害养殖基地，将单一的青虾养殖模式改为鱼虾混养模式的青虾产业发展思路，并于 2001 年启动了青虾养殖国家级标准化示范项目。同时加大了对全县青虾养殖户的技术培训，推动全县青虾产业走依靠科技持续发展之路。仅 2000 年，全县就为农民举办技术培训班 39 期，培训养虾骨干 2 135 人次，印发技术资料 3 840 份。从 2001 年下半年开始，德清县制定了青虾无公害养殖的地方标准。按照地方标准，加大了培训力度，全县 7 000 多户养殖户，通过县乡两级，都进行了培训。

同时通过成立青虾合作协会，以协会为阵地，组织会员总结经验，交流信息，推广先进养殖技术和养殖经验，总结养殖模式，传递各大城市的价格信息。各协会还先后邀请了天津水产研究所和省、市、县的有关专家来德清作养殖理论基础辅导和现场指导，努力提高青虾养殖技术。

随着时间的推移，一些内在的深层次问题逐渐显现，如青虾养殖的规模较小、标准偏低、模式单一、管理粗放、创新能力较弱等，已严重制约了青虾产业的健康发展。为大力促进青虾产业健康高效发展和农民增收，再创德清青虾新辉煌，2006 年，德清县全面展开被称作第二次"青虾行动"的专项服务活动，实施以技术创新、模式创新为主题的技术培训工程。主要内容是：组织邀请国家、省、市、县等水产专家和科技示范户 100 名，青虾论坛设在田间，联手举办各级培训、咨询指导活动；开展新技术、新模式的推介活动，农技人员结对子活动，赠送科技资料活动。培训的主要内容是：养殖模式创新，青虾苗种选育技术、养殖技术规范、病害防治技术、饲料与药物使用要点等。

到目前，德清县青虾已经成功推广稻、虾轮作，虾蟹、虾鳖、虾蚌、虾鱼等立体混养技术等多种生态高效养殖模式，并有农民动手发明了一个可"偷懒"的青虾投料机，只需要划划船、动动脚，便可以轻松完成了饲料投放，使青虾投放饲料变得轻松快捷。有的农民把虾塘里多余的水草捞起，销售给湖北、江苏等地的蟹农，用作他们养蟹的饲料，成功实现副产物的综合利用，既增加了养虾的收益，也减少了水草对当地环境的污染。

第6章 浙江现代农业综合体推进低碳农业发展的实践与创新

2012 年中国工程院陈剑平院士初步提出"现代农业综合体"概念，希冀于通过现代农业综合体建设，更好地解决农业生产、农产品质量安全、生态环境、农产品营销、农民收入、新农村建设，以及农业科研、科技活力、农业科研机构改革及其科技运行模式等问题。近年来，通过推进和实施一系列现代农业综合体工程项目，使区域农业产业层次提升，产品竞争力增强，农民收入增加，生产条件改善，乡村环境美化，农民素质提高，社会和谐发展。实践证明，建设现代农业综合体，对加快项目、资金、人才资源的集聚，促进科技成果的转化孵化，推动科研与推广运行模式转变，推进区域农业产业结构调整与转型升级，打造一、二、三产业融合，生产、生活、生态和谐的新农村典范，探索现代农业发展新途径具有重要意义。

从科学内涵来看，现代农业综合体是新常态下，以"生产、生活、生态"有机融合和"创新、协调、绿色、开放、共享"发展理念为引领，在一定农业发展区域内，通过构建全新的现代农业产业体系、科技体系、经营体系、质量体系、流通体系、投融资体系，开展多方主体合作和现代科技信息支撑，促进农业功能集成、系统整合、跨界发展的新模式。它是农业全产业链目标整合、农业功能拓展与融合、农业科技支撑体系综合、现代农业经营体系优化、多种类型农业园区结合、农镇特色产业—居民住房—居民生活统筹的一个复合体，是一、二、三产业各领域全面拓展，多种业态并存，有机交织，多元经营，共同发展，为城乡居民提供多元化服务的一个新载体。

从形态呈现来看，现代农业综合体以发展现代农业和一、二、三产业有机融合为主业，以要素整合、全产业链整合、功能价值整合、城乡空间整合为动力，以现代农业科技和信息技术应用为支撑，通过多方主体合作，建设集农业改革新特区、农业产业新园区、农业科技新城区、农民居住新社区、农村历史文化传承区、农业生态涵养区、农业服务经济区等于一体的，多种综合性功能的区域政治、经济、科技、文化发展新平台（图6.1）。

可以说，现代农业综合体是迎接"第六产业"时代到来，推动区域经济社会发展到较为发达的新阶段，对长期以来农业园区实践的不断总结基础上提出的一个现代农业发展的新概念；现代农业综合体是一种典型的"混合经济"，

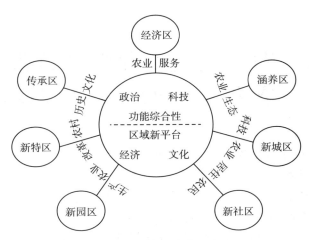

图 6.1　现代农业综合体形态内涵

既脱胎于农业园区，又高于农业园区。现代农业综合体是现代农业园区的"升级版"，是农业产业模式升级、产品模式升级、经营模式升级、土地开发模式升级"四大升级"共同作用的结果。

作为现代农业综合体的发源地，目前已在浙江省嵊州和奉化进行了建设实践，尤其是从破解农业发展理念与生产方式仍然落后问题出发，研究了"多元融合"的产业体系构建的关键问题。该体系是以科技引领、文化创意为核心，构筑多层次的、复合型的全景产业链，包括农业内部融合型、产业链条延伸型、多功能拓展型、新技术渗透型、多业态复合型、产城融合型等六大类型。其构成包括核心产业、支持产业、配套产业、衍生产业等四个产业层次，优质农产品体系、多功能服务体系、现代农业支撑体系、现代农业产业组织体系等四大核心体系和多元产业融合、多元业态集合、多元功能综合、多元空间渗透等四大融合态势。从本质而言，现代农业综合体"多元融合"产业体系，其实践结果"提高了单位碳排放的农业产出水平"亦充分体现了低碳农业的核心。

6.1　现代农业综合体推进低碳农业发展的驱动机制

当前，融合已是产业发展的一种常态。技术的进步、管理的创新、政策的调整、社会需求（市场需求、消费需求、企业需求、资本需求、跨界需求）的变化都推动着现代农业综合体中农业产业与相关产业的相互渗透结合，同时促进农业产业内部相关产品和业务、农业与其他产业之间业务与市场的融合。构建现代农业综合体"多元融合"的产业体系，可有效推动农业产业跨越式发展，提升农业产业的附加值，推动农业产业转型升级。现代农业综合体"多元融合"产业体系发展的动力是市场，核心驱动模式是以企业和社会资本为主体的竞争与协同成为产业创新驱动（图 6.2）。

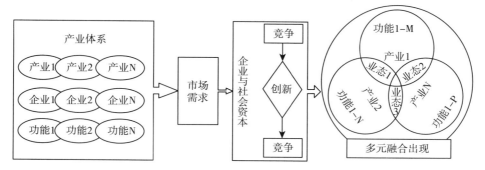

图 6.2　现代农业综合体"多元融合"产业体系的驱动机制

在现代农业综合体平台上，"多元融合"的产业体系催生了新的产业、新的业态、新的功能，并形成了新的分工与市场的扩大。

6.2　现代农业综合体推进低碳农业发展的扩展机制

现代农业综合体突破传统农业三次产业划分的界限，在农业相关产业之间、在农业与非农业之间的渗透与融合中，创造商品和非商品价值的联合产生，实现由传统农业单一产品经济向综合发展的服务经济转型。现代农业综合体"多元融合"产业体系的发展沿着"基于农业产业价值链的纵向延伸与基于农业多功能开发的横向拓展"的二维路径展开。

纵向延伸是由于技术创新产生的供给型产业融合（赵建华，2014），具体表现为以市场为导向，深化农业产业化经营，围绕价值创造和实现的全过程进行跨产业（一、二、三产业）的纵向分工深化和协作程度，拉长农业产业链条，提高农产品或农业项目的加工度和价值增值程度。农业生产经营活动从产前的种子培育、研发、规划设计到产中的农业机械设备、农业资材、信息科技服务到产后的储藏、运输、加工、包装及以销售形成了高度专业化、知识信息化的纵深社会分工农业产业链条和网络。通过农业产前、产中、产后各纵向环节的有机组织与联系，构建完整的农业产业链与价值链，引导分散的小生产向大市场大流通的现代合作经营模式，促进价值增值从单一农产品生产领域延伸到加工和服务等领域。

横向拓展表现为由于市场的需求及消费者不同偏好而形成的农业与二、三产业相融合的农业多功能发展趋势（赵建华，2014）。具体表现为围绕农业生产经营内容，整合农业资源，通过引入信息技术、旅游服务、科学管理等现代服务的经营理念、技术手段和运作模式，横向拓展农业产业链，农业从食品、纤维等农产品的生产向休闲、健康、生态保护、旅游、文化、教育等领域扩展，使农业产出从传统的粮食、蔬果等产品向更多种实物、非实物产品发展，农业具有了经济、社会、生态、文化等多种功能，产业增值从单一的农业发展平台扩展到信息、旅游及高新技术等服务领域（图6.3）。

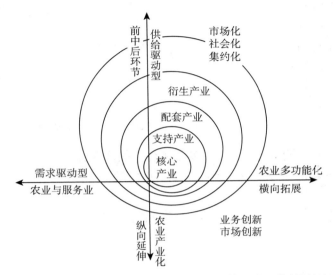

图 6.3　现代农业综合体"多元融合"产业体系的二维扩展机理

6.3　蓝城农业综合体推进低碳农业发展的具体做法

2012年，浙江省嵊州市政府、蓝城农业公司与浙江省农业科学院三方合作，在嵊州市甘霖镇正式启动现代农业综合体建设项目。院地企业三方共同构建核心支撑体系，以农业综合体为新型载体，探索区域现代农业发展新模式。目前，综合体核心区已建成，一、二、三产业呈多元融合发展态势，通过政府、企业、社会等领域对农业的投入或与农业的融合，拓展、叠加、拉伸农业的产业链，转变农业生产方式，升级农业产业结构，使得农业获得新的市场需求，提升农业的附加值。

6.3.1　多元产业融合

综合体注重打造系统的产业体系，以发展现代农业为核心和主业，以要素整合、全产业链整合、功能价值整合、城乡空间整合为支撑和动力，融合科普、观光、休闲、采摘、文化、创意等元素，通过多方主体合作，拓展现代农业原有的研发、生产、加工、销售产业链，建设集农业改革新特区、农业产业新园区、农业科技示范区、农民居住新社区、农业生态涵养区、农业服务经济区等于一体的多种综合性功能的区域经济、科技、文化发展新平台，形成产业延伸与互动的模式，使传统的功能单一的农业向农业的多种功能转变，发挥产业价值的乘数效应。在生产过程加强了农业标准化体系建设，建立了农产品质量检测中心，严格生产全过程管理和食品质量安全检测。综合体通过开展"基地零距离"业主体验活动，主题休闲采摘活动，中小学科普教育、综合农业技术服务等，实现一、三产的有机联动。在农产品加工方面，综合体选择多个OEM 合作伙伴，实现一、二产的空间融合。通过综合体产业体系的打造，目前已形成一、二、三产有机联动的发展格局，实现农业产业的综合效益（图6.4）。

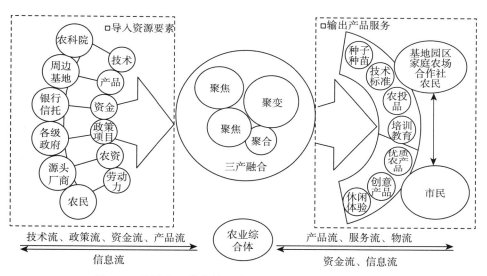

图 6.4　蓝城农业综合体"多元融合"产业体系产业融合

6.3.2　农业多功能融合

综合体承担的功能不仅仅是为客户提供农产品，而是集绿色生产、科技集成、休闲旅游、创新实验、综合培训、示范带动六大功能的现代农业综合服务平台。综合体以农业生产为基础，适当开发农业加工附加功能，在农业生产中应用现代农业技术、手段、模式，注重引入文化创意理念和营造手法，依托传统文化资源，融合文化、创意等元素，结合基地特色资源（如亲水资源），统筹引导公众参与休闲农业旅游，中小学生参与农业科普和农事体验活动，使农业生产兼具休闲、观光、科普、景观等多种功能，催生了农业新业态（图6.5）。

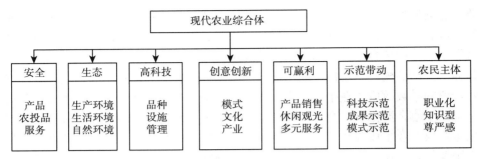

图 6.5　蓝城农业综合体"多元融合"产业体系功能融合

6.3.3　多空间跨界融合

综合体不仅仅是蓝城农业公司的自有基地，还通过跨地域合作形成加盟基地，促进农业产业跨地域融合。基地构建"初级分拣中心—全国仓储物流中心—城市分拨中心—社区体验店"的体系，搭建从基地到餐桌的直通渠道，打造扁平高效的流通体系。目前占地面积 7 200 平方米的杭州现代化全国仓储物流中心已于 2016 年 4 月建成并投入使用，嵊州基地、丽水基地、海南基地三大自有基地已建成初级分拣中心，已在杭州、舟山的绿城社区建成多个社区体验店，依托绿城物业最后一公里优势，不断推进城市社区设立农产品配送及直销网点，品牌和市场占有份额迅速扩大。随着基地核心区的建成，逐步形成了农产品集散，物流配送中心和展示中心。同时，依托基地和外联基地，蓝城现代农业公司积极开发"农业＋互联网"电子商务，拓展农产品网上订购，完善业主配送体系和公众综合服务网络，并且扶持了丽水市、淳安县多地的农村土特优产品品牌建设。

6.3.4　不同形式利益联结机制融合

蓝城农业在平等互利基础上，打造一个产业综合服务平台，优先聘用流转土地的农户，与参与基地产业融合发展的农户、合作社、家庭农场签订农产品购销合同，形成稳定购销关系，紧密高效连接市场与农民，获取更高的产品与服务溢价，实现农民、市民、政府与企业的共赢。同时构建联盟型、紧密型和松散型农产品质量检测联盟体系，引导农民参与农产品加工、营销等体系，打造联合品牌，实现利益共享。截至目前，公司以自身的技术和管理优势，统筹引导周边 200 多户农户就业乐业，提高了农户生产管理水平（图 6.6）。

6.3.5　多主体合作运行机制

综合体以蓝城农业为主体，保证工商资本在行业内的高效流通，构建畅通

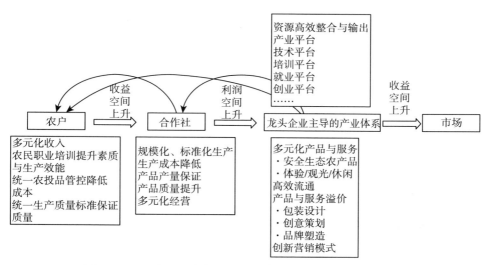

图 6.6　蓝城农业综合体"多元融合"产业体系利益联结机制

的生产运营和流通营销系统，以各级地方政府要素及资源统筹、基础设施和政策扶持为支撑，依托浙江省农业科学院的顶层设计（整个综合体建设与运营）、科研资源、技术支撑，联合金融服务机构在金融支持、土地流转、消费信托的力量，实现"龙头企业＋农户＋政府＋科研资源＋工商资本＋金融服务＋消费者"高效结合模式，形成可持续发展的轻资产模式运营，在杭州乃至全国率先打造出一个可复制的、产融结合多赢的现代农业开发创新模式（图 6.7）。

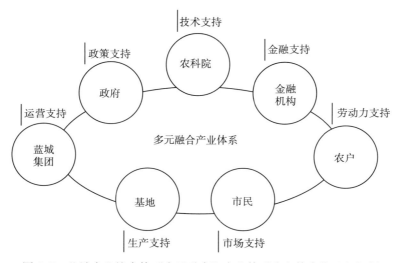

图 6.7　蓝城农业综合体"多元融合"产业体系多主体合作运行机制

6.3.6 协同创新驱动多元融合产业体系发生与发展

在强强联合、优势互补的合作下，蓝城现代农业综合体的产业体系以市场消费需求为导向，以科技、创意为驱动，联动当地农民，发挥当地资源优势，同时引入金融，扩大、稳定资金链，探索现代农业产业体系融合发展的有效模式（图6.8）。

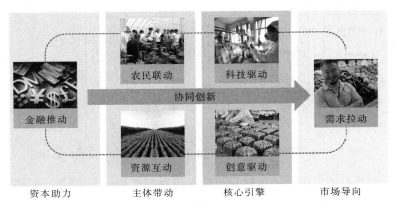

图 6.8　协同创新驱动蓝城农业综合体"多元融合"产业体系

第 7 章　浙江践行"两山"理论推进低碳转型的实践与模式

习近平总书记的"两山"理论深刻阐明了经济发展与生态环境保护之间的辩证关系，为浙江走什么样的发展路子、追求怎么样的发展指明了方向。十多年来，浙江从"绿色浙江"到"生态省建设"，从"美丽浙江"到"两美浙江"，从"美丽乡村"到"美丽县城"，从实施"811"环境整治行动和循环经济"991行动计划"到实施转型升级"组合拳"，从湖州成为"全国首个地市级生态文明先行示范区"到杭州、湖州、丽水入选"第一批国家生态文明先行示范区"等，均体现了浙江省对走"绿水青山就是金山银山"发展之路的高度重视和敢于担当的精神，体现了广大干部群众对走"绿水青山就是金山银山"发展之路的高度自觉和积极探索。浙江在"两山"理论的践行过程中，逐渐形成了三种特点鲜明的发展模式，一是城乡融合的绿色提升模式；二是优势后发的绿色跨越模式；三是治理倒逼的绿色重振模式。本质上讲，浙江作为"两山"理论发源地，其实践模式和经验已不仅仅是现代农业向低碳转型，更是整个经济社会的低碳转型。

7.1　浙江省践行"两山"理论的实践

浙江是习近平总书记治国理政新理念、新思想、新战略的重要萌发地。"两山"理论发源于浙江，又率先践行于浙江。十余年间，浙江省以"两山"理论引领，全面推进生态文明建设，硕果累累、成绩斐然，形成了一系列宝贵经验。

第一，将"创建生态省，打造绿色浙江"纳入"八八战略"，成为指导浙江发展的总纲。21世纪初期，全球经济开始遭遇"增长的极限"，工业文明的弊端成为共识。随着经济快速增长，作为经济大省、出口大省的浙江省资源环境约束趋紧，面临"成长的烦恼"和"制约的阵痛"。习近平对浙江省经济社会发展形势作出精准判断："发展不能竭泽而渔，断送了子孙的后路。粗放型增长的路子，'好日子先过'，资源环境将难以支撑，子孙后代也难以为继。""再走高投入、高消耗、高污染的粗放经营老路，国家政策不允许，资源环境不允许，人民群众也不答应"。习近平深刻总结了浙江生态建设的"现有优势"

和"潜在优势",提出:进一步发挥浙江的生态优势,创建生态省,打造"绿色浙江"。2002年在习近平同志的着力推进下,浙江省成为全国第5个生态省建设试点省。随着生态省建设的推进,浙江省的发展方式开始发生根本性转变,实现了高层次、高水平、高质量的绿色发展。十余年来,浙江省委省政府坚持"绿水青山就是金山银山"发展理念,按照"建设生态省,打造'绿色浙江'"的战略部署,一张蓝图绘到底,一任接着一任干,把生态文明建设融入经济社会发展的方方面面,从"绿色浙江"到"生态浙江",再到"两美"浙江,促进了人与自然的和谐,改善了人民的生活质量和水平,促进了经济增长方式转变,走出一条生产发展、生活富裕、生态良好的文明发展之路。

第二,通过环境整治、发展循环经济实现绿色发展。改革开放以来,浙江实现了经济高速增长,但以要素投入为主的粗放型增长方式,也产生了一系列不良经济、社会、环境后果。习近平将之比喻为"一种社会生态病":"这种病是一种综合征,病源很复杂,有的来自不合理的经济结构,有的来自传统的生产方式,有的来自不良的生活习惯等,其表现形式也多种多样,既有环境污染带来的'外伤',又有生态系统被破坏造成的'神经性症状',还有资源过度开发带来的'体力透支'"。习近平将治病的方式,比喻成养好"两只鸟":一个是"凤凰涅槃",另一个是"腾笼换鸟"。对于这种"社会生态病",习近平提出"要痛下决心,以'腾笼换鸟'的思路和'凤凰涅槃''浴火重生'的精神,加快经济增长方式的转变,让'吃得少、产蛋多、飞得远'的'俊鸟'引领浙江经济。"同时他还指出"大力发展循环经济,转变增长方式,建设资源节约型和环境友好型社会是我们发展的唯一出路"。在"两山"理论引领下,浙江省委、省政府连续十年实施"811"环境整治行动和循环经济"991行动计划",形成了完整的循环经济工作链。还制定了循环经济的地方性法规、建立了国民经济绿色核算制度、建立起循环经济发展省财政专项资金、实施排污权交易等。以"壮士断腕""重整山河"的雄心壮志,重拳出击治环境、重典治污修生态。当前,全省主要污染物排放得到有效控制,资源利用效率提高,循环经济发展成效显著。与此同时,"建设生态省,打造'绿色浙江',农村是重点,是难点,也是主战场"。浙江省委、省政府将"千村示范、万村整治"的生态工程作为推进生态省建设的有效载体,既保护了"绿水青山",又带来了"金山银山",形成了生态经济化、经济生态化的良性循环。

第三,打好转型升级"组合拳"。2008年国际金融危机之后,浙江面对经济形势和资源环境的深刻变化,率先打出了一套转型升级的"组合拳"。这包括"五水共治""四换三名""四边三化""三改一拆""一打三整治"、浙商回归、创新驱动、市场主体升级、小微企业三年成长计划、七大产业培育、对26个欠发达县摘帽和不再考核GDP、规划建设100个特色小镇等。通过"两山"理论的引领，淘汰落后产能、推动产业转型升级，发展绿色经济，创新体制机制，改善生态环境，使浙江生态文明建设向纵深发展。

第四，发展美丽经济，建设"两美浙江"。2005 年习近平同志在《之江新语》中指出："我省'七山一水两分田'，许多地方'绿水逶迤去，青山相向开'，拥有良好的生态优势。如果能把这些生态环境优势转化为生态农业、生态工业、生态旅游等生态经济的优势，那么绿水青山也就变成了金山银山"。在"两山"理论引领下，2010 年浙江省委十二届七次全会提出走生态立省之路，打造"富饶秀美、和谐安康"的生态浙江。2014 年，浙江省委十三届五次全会提出深入贯彻"绿水青山就是金山银山"重要理论，作出"建设美丽浙江、创造美好生活"的决定。2017 年，浙江省第十四次党代会进一步提出了"美丽浙江"建设目标，对推进生态文明建设进行了全面部署，包括：深入践行"两山"重要理论，力开展"811"美丽浙江建设行动，积极建设可持续发展议程创新示范区；推动形成绿色发展方式和生活方式，为人民群众创造良好生产生活环境；全方位推进环境综合治理和生态保护；大力建设具有诗画江南韵味的美丽城乡。十余年来，浙江省委、省政府按照"绿水青山就是金山银山"的理念，大力发展生态农业、生态工业、生态服务业，使生态环境优势逐渐转变为生态经济优势；通过生态文明建设，使"绿水青山"成为绿色经济的增长点，可持续发展的支撑点，人民美好生活的不竭源泉。

7.2　城乡融合的绿色提升模式

城乡融合的绿色提升模式的基本路径和特点是"创新领动、城乡联动和提升发展"，具有代表性的地区是杭州、嘉兴、湖州等。

以湖州为例，与浙江其他先行示范区相比，湖州的"身份"较为特殊：它是习近平总书记"绿水青山就是金山银山"科学论断的诞生地，是美丽乡村的发源地，是"生态＋"的先行地，也是唯一经国务院批准的全国建设生态文明先行示范区地级市。概括起来，无论是安吉，还是德清或者是长兴，他们践行"两山"理论的实践经验都有一个共性，就是比较好地处理了生态保护与开发、产业发展与生态环境，产村（镇）融合以及多功能的发展关系，实现了理念与制度契合、城市与农村协调、多元融合的绿色发展。

7.2.1　现代农业支撑新型城镇化发展，实现城乡融合

"绿水青山"是我国经济社会转型发展和绿色发展的基础，而农业是良好的山林、水、气候等生态资源的源泉。湖州模式最大的特色就是做活、做优、做强了现代农业，通过现代农业发展支撑新型城镇化，实现产业融合、产村融

合、城乡融合和城乡一体化发展。

湖州现代农业对新型城镇化的支撑，首先体现在现代农业产业融合、功能拓展、产业链延伸与新型城镇化的融合。湖州农林产业水稻种植、白茶种植、林下经济发展、家庭农场、水果种植、水产养殖等经过多年打造，不仅做到了产业组织化、生产规模化、种植标准化、加工集聚化、产品品牌化，更把农业生产、休闲娱乐、养生度假、文化艺术、农业技术、农副产品、农耕活动等有机结合起来，拓展现代农业原有的研发、生产、加工、销售产业链，形成产业融合、延伸与互动的模式，使传统功能单一的农业及加工食用的农产品成为现代休闲产品的载体，发挥产业链延伸的价值乘数效应。更建立了为农业服务的多元化和实体化运作载体，基本形成了"产前金融支持、产中技术帮扶、产后产品销售"的农业全产业链服务体系模式，全力促进了农业全产业链的深度融合。同时，导入农业传统、科技、创意和休闲的新文化，积极拓展农业的生产、体验、景观、健康、养生等多维形态，打造多种产品形态和服务业态于一体的综合性、一站式、体验型的现代农业产业体系。最终，在整体湖州现代农业产业体系中，构建出以核心产业、支持产业、配套产业、衍生产业四个层次组成的产业群；形成特色农产品体系、多功能服务体系、现代农业支撑体系与现代农业产业组织体系四大核心体系；呈现产业融合、业态融合、功能融合、空间融合的持续发展态势。

其次，湖州现代农业对新型城镇化的支撑，也体现在现代农业的田园生态理念与新型城镇化的深度融合。在"两山"理论的引领下，十多年来，湖州经济结构同样发生着"绿色化"的变化。安吉县从2008年全面实施"中国美丽乡村"建设，随后湖州率先在全国开展全域融合美丽乡村建设，推进"户收集、村集中、镇转运、县处理"的农村垃圾集中收集处理模式，探索建立"一把扫帚扫到底"的城乡一体化保洁模式，成效明显，形成了以"美丽乡村、和谐民生"为特色品牌的新农村建设"湖州模式"。目前湖州市已建成16条美丽乡村示范带，全市80%的县区创建为省级美丽乡村先进县区。通过不断创新业态打造乡村旅游升级版，融入文化让农村留住乡愁，"绿水青山"不断"淌金流银"。其中，德清县以建设美丽乡村升级版为契机，融合当地乡风民俗与西方文化，大力发展以"洋家乐"民宿经济为特色的乡村旅游业态，打造了莫干山镇和劳岭村、燎原村等一批特色旅游镇村，推动美丽乡村从建设向经营转变，把"美丽成果"转化为"美丽经济"。长兴县充分利用丰富的民间文化资源，以"文化礼堂·精神家园"为主题，在深入挖掘区域特色和保持乡土文化多样性的前提下，坚持"一村一品""一堂一色"，打造了长中村红色文化、上泗安商贸文化等60余个农村文化礼堂，成为展示乡土特色民俗、丰富群众精神文化生活的新地标，真正让农村"望得见山、看得见水、记得住乡愁"。

　　湖州现代农业对新型城镇化的支撑，还体现在湖州农业现代化在全省的标杆地位及其辐射效应。浙江省从 2013 年开始组织对全省 11 个设区市和 82 个县（市、区）农业现代化发展水平进行综合评价，从监测结果来看，湖州农业现代化建设水平综合得分连续 4 年位列 11 个设区市首位；德清县连续 3 年位列 82 个县（市、区）榜首。湖州市已成为浙江省打造农业现代化标杆省份的"领头羊"，湖州的农业已不是"四化同步"协调推进的短板，而是支撑新型城镇化，城乡互促共进，协调发展的支点，是湖州"绿水青山"成为全域"金山银山"的产业基础和源泉。

7.2.2　做活产业"生态＋"，实现产业绿色循环低碳融合

　　淘汰落后产能、发展循环经济是湖州坚持绿色发展、提高"绿水青山就是金山银山"质量效益的重要手段之一。湖州是"生态＋"的先行地，"生态＋"就是赋予生态以发展的概念，就是农村要生态，乡村旅游要生态，产业转型也要生态。湖州的探索实践，成功的实现了产业结构变"新"，发展模式变"绿"和经济质量变"优"的转型。

　　湖州产业转型的绿色化，首先体现在加快推动传统优势产业的转型提升。先后对纺织、建材两大传统产业进行改造，对印染、造纸、制革、化工等"四小"行业进行整治，累计关停高耗能企业 600 多家。同时，加快发展先进装备、新能源、生物医药等战略性新兴产业，进一步提升金属材料、现代纺织、新型建材等传统优势产业水平。

　　湖州产业转型的绿色化，循环经济产业园的发展是一大亮点。水处理中心每天处理废水约 300～500 吨，除了新水继续循环利用，剩余的污水、废液等经过除杂质、重金属铅后排放，沉渣废弃物进入污泥池，最后成为泥饼再进行危废处置，实现了整个处理过程的无公害化。废旧电池回收利用也是该循环经济产业园的突出亮点，该园区建立了年回收处理 15 万吨废铅酸蓄电池的生产线，实现了区域蓄电池产业"生产—销售—回收—再生—再生产"的循环运作模式，从废旧铅蓄电池中直接回收再生铅。

　　湖州产业转型的绿色化，还体现在"绿"字当头，致富百姓。安吉县实现了竹子从根到叶的全竹开发与综合利用，以全国 1.8％的立竹量创造了全国 22％的竹产业产值。在安吉，有着万亩竹林，以竹产业为代表的无污染、低能耗的绿色产业已成为经济支柱。而"洋家乐"使得老百姓从原先的靠山吃山、外出打工赚钱，转变为现在的通过旅游业获得四重收入：通过房屋租赁获得财产性收入，投资者以一次性付清的方式，付给房屋户主 20～30 年的房屋租赁费；通过从事服务业获得劳动性收入，当地居民可以为游客提供餐饮清洁服务，甚至作为整个房子的管家；经营性收入，农户可以发展水果采摘、游园等

生态农业旅游项目，吸引游客消费；政府转移支付的生态补偿款。

7.2.3 制度创新释放"生态红利"，实现理念与制度融合

制度设计创新被认为是创造经验的"突破口"。湖州率先在全国实施绿色核算和考核，建立了水源地保护生态补偿、矿产资源开发补偿以及排污权有偿使用和交易等制度。如果说"湖州模式"可复制可推广，最重要的便是从制度设计层面推动生态文明建设模式的突破。

作为国务院批准的全国首个建设生态文明先行示范区地级市，湖州市通过探索建立以生态文明建设为主的考核体系，为区域内开展生态建设和环境保护打造了坚实的"制度基础"。2015年4月29日，经国家质检总局、国家标准委批准，以安吉县政府为第一起草单位的《美丽乡村建设指南》（GB 32000—2015）国家标准正式发布，成为全国首个指导美丽乡村建设的国家标准。标准涵盖村庄规划、村庄建设、生态环境、经济发展等8个方面，提出了19项量化指标。5月，湖州市出台了《2015年度县区综合考核办法》，生态文明建设工作占党政实绩比重达到30%以上。考核内容具体体现在经济发展质量、资源能源节约利用、生态环境保护、生态文明制度与文化建设等多个方面。总体上，湖州有着非常全面的生态文明建设实践，生态文明从理念到行动，从城市到乡村，从制度到规划，从科学研究到市场经济手段的运用等，都有具体的实践展示和多样化探索。

湖州市在生态文明建设中开展的又一项制度创新在于自然资源资产负债表的编制。2014年11月，湖州市政府与中国科学院地理科学与资源研究所签订了《编制湖州市自然资源资产负债表合作协议》，主要核算土地、矿产、森林、水、生物等自然资源资产的存量及其变动情况。据了解，自然资源的调查统计工作和自然资源资产负债表的编制工作都已经完成。过去，对自然资源的损害，像是一笔有人破坏无人偿还的"糊涂账"，随着湖州市自然生态空间统一确权登记实施方案和湖州市领导干部自然资源资产离任审计制度的出台，这样的局面将得到改善。对领导干部实行自然资源资产离任审计，相当于给领导干部戴上环境保护的"紧箍咒"，增强政府官员的环境责任意识，使官员在作出决策时更加注重经济、社会、生态三种效益的协调统一，改善当前自然资源资产保护不力的情况，进而对环境保护乃至整体生态文明建设工作形成有效的机制倒逼。

7.3 优势后发的绿色跨越模式

优势后发的绿色跨越模式的基本路径和特点是"绿色领动，优势转化和跨

越发展",具有代表性的地区是丽水、衢州等。

以丽水为例,丽水地处浙江西南山区,拥有"九山半水半分田"的资源禀赋,是传统意义上的浙江欠发达地区,但是,丽水的生态资源却非常丰富,生态环境极其优美,处处呈现着"绿水青山"的景象,具有巨大的后发优势。2006 年 7 月 29 日,时任浙江省委书记的习近平同志第 7 次到丽水调研时指出,"绿水青山就是金山银山,对丽水来说尤为如此"。在习书记"两山"理论的指引和激励下,丽水广大干部群众坚信丽水优良生态资源与环境的后发优势,坚定贯彻省委省政府关于浙江山区"绿色发展、生态富民、科学跨域"的战略思路,全力探索"两山"理论在丽水"尤为如此"的实现路径,形成了独特的优势后发的丽水模式。概括起来,优势后发的丽水模式的特点是:立足绿水青山本底这一后发优势、坚持绿色发展和生态富民这一方向不动摇,通过"交通+金融"夯实基础、"生态+经济"助推产业、"品牌+电商"引领小农,实现科学跨域发展。

7.3.1　"交通+金融":夯实绿色发展基础

实践中,我国不少"绿水青山"的丘陵山区,由于规划、基础设施和配套产业的滞后等原因,往往难以将优良的生态资源转化为经济效益。丽水市通过科学规划和整合配套,将交通与信贷作为夯实绿色发展基础的重要抓手,取得了成效。一是力求交通建设与绿色产业发展紧密结合。丽水对于交通制约有"切肤之痛",对于交通便捷更是"求之若渴"。要打开"两山"转化和绿色发展通道,首当其冲是打开对外发展的空间通道。近几年,丽水按照省委关于"交通跟着产业走"以及高标准构建支撑都市经济、海洋经济、开放经济、美丽经济发展的四大交通走廊要求,加快构建大交通格局,完善综合交通体系;突出做好交通与旅游整合互动的文章,推动旅游交通走廊提升工作。目前,丽水的交通条件发生了天翻地覆的变化:县县通高速,村村通康庄公路,金丽温高铁开通……交通的改善推动了人流、物流的集聚,为"绿水青山"向"金山银山"的转化创造了必要条件。今天的丽水,从上海过来只需要两个半小时的车程,从杭州过来也只要一个半小时,到北京也有了直通高铁。丽水正加快推进龙浦高速、衢丽铁路、丽水机场等一批交通项目建设,打造美丽经济交通廊道,让更多外地游客探究"浙江绿谷"、消费"中国好空气"的梦想"近在咫尺"。二是依靠金融改革激活"绿水青山"资源。"绿水青山"资源的激活不仅需要通过产权制度的改革,让山有界、树有权、地有证、水有主,而且需要引入市场机制,使其能成为被交易的对象。金融制度的融入是"绿水青山"被激活,成为可抵押物的重要工具。近年来,在林权抵押贷款的基础上,丽水先后探索开展了农房抵押贷款、土地流转经营权抵押贷款等业务。2015 年,丽水争取到了全国人大授权、国务院批准的"两权"抵押贷款试点资格。伴随着沉睡已久的各类资源与资产被一一激活，茶园、石雕、农副产品仓单、生态公益林补偿收益、村集体股权、农村水利工程产权等各种抵质押贷款产品纷纷推出，通过"分户勘界、集中评估、制卡授信"，让农村产权实现了全部可抵押。越来越多的农户，凭借手中沉睡已久的农村资源走上了发家致富的道路。针对农村担保组织不足的问题，丽水还全面推进财政出资、行业协会组建、商业化运作、村级互助等"四级"担保组织体系建设。便捷的贷款方式，完善的融资担保体系，吸引了大批返乡青年和农创客在丽水创业。

7.3.2　"生态＋经济"：助推产业绿色发展

绿色发展的科学内涵是"生态＋经济"的融合发展，从理念上讲，就是要在绿色发展中体现"生态经济化"和"经济生态化"的思想。丽水打造"两山"样板、争当"两区"示范（建设全国生态环境保护和生态经济"双示范区"）方面的经验值得借鉴。一是守住生态净土。首先是制度上严管。2008 年在国内率先制定实施生态文明建设纲要，建立了一整套从生态管控、审计到考核、问责的制度体系。其次是规划上严控。市域面积分为禁止准入区、限制准入区、重点准入区和优化准入区，其中 95.8％的市域面积划入自然生态红线区、生态功能保障区和农产品环境保障区，强化红线管治，从源头保护生态，并要求工业集聚进园区、园区工业生态化。再次是行动上严治。2014 年在全省率先出台生态工业发展负面清单，3 年来否决高污染、高排放项目 170 多个，相继开展合成革、不锈钢、钢铁、阀门、铸造等行业整治，不惜因此减少年工业产值 100 多亿元。"治水、治气、治土、治山"，全市全面消除劣 V 类水，市区空气常年优良率超过 95％，位列全国第二，生态环境质量状况指数连续 14 年保持全省第一，生态文明总指数达 107.34，居全省第一，成为名副其实的秀山丽水、养生福地、长寿之乡。二是践行生态经济化。丽水抓住人们对"好山、好水、好空气、好食品"生态消费需求，将"生态＋"文章做到极致，将生态价值发挥到最大。做好"山货"文章，推进农业产业"精品化、品牌化、电商化"发展，将农产品打造成旅游商品和旅游纪念品，延长产业链、提升附加值、扩大影响力，让更多"山货"走出"山门"。做好"山景"文章，大力发展乡村旅游，抓住差异化特点，厚植乡土文化，深挖独特魅力，发展农家体验型、民俗互动型、高山避暑型等乡村旅游业态，让丽水原生态的"山景"成为全省、全国人民向往的风景，并让美丽风景带来美好"钱"景。做好"山居"文章，将民宿产业和养老养生产业作为丽水发展新的经济增长点，将"三生融合"的田园山居生活平移、复制和集成到民宿及养老养生的个性产品中，满足现代人"采菊东篱下，悠然见南山"的消费需求，使丽水成为香格里拉式的"生态净土"、丽江式的"寻梦热土"、巴马式的"养生圣土"。绿水青山从自然资源变成创富资本，近年来，丽水一批"候鸟式"养生养老基地渐显雏形，一批"乡村创客"集聚区正在打造，越来越多的人返乡，开展"拯救老屋行动"，实施历史文化村落保护利用工程，投身"休闲＋创业"产业。三是践行经济生态化。绿水青山本身是一种竞争力，不仅体现在一、三产业，也体现在第二产业。丽水在全省范围内率先出台"生态工业发展负面清单"，以智能装备、电子信息、生物医药等为代表的战略性新兴产业稳步发展，高新技术产业、装备制造业、战略新兴产业增加值占规模以上工业的比重分别达25.6％、29.3％、18.3％。以打造华东绿色能源基地为目标，在全国率先编制和发布了地市级的可再生能源发展规划，推动一批绿色能源重大项目实施。近十年，服务业增加值从 128.5 亿元增加到 508.2 亿元，年均增长 11.7％。其中，把生态旅游业作为第一战略支柱产业来抓，全市旅游总收入年均增速近30％。目前全市已有 19 个国家 4A 级旅游景区、5 个省级旅游度假区，高等级景区数量跃升到全省第三位。产业结构在加快转型，地区生产总值从 2005 年的 318.07 亿元，增加到 2015 年的 1 102.34 亿元，年均增长 10.9％；三次产业结构从 13.8：45.8：40.4 演变为 8.3：45.6：46.1，实现了从"二三一"到"三二一"的转变。

7. 3. 3　"品牌＋电商"：引领小农绿色发展

　　丽水在浙江是个小农和相对贫困人口比较多的区域，如何在践行"两山"理论和绿色发展中他们引入发展轨道，使他们能脱贫致富，除了实物扶贫、资本扶贫、产业扶贫、科技扶贫、项目扶贫，丽水还提出和实践了"品牌扶贫"[①] 和"电商扶贫"的路子，探索了一条欠发达地区通过打造区域农业公共品牌和电商网络，引领小农绿色减贫发展的路径。从品牌作用角度看，"丽水山耕"是丽水市政府 2014 年主导推出的全国首个地市级农产品区域公共品牌。几年来的实践证明，打造区域公用品牌能成功地实现"生态变现""文化变现"，实施以农业品牌化为核心和龙头的生态化、电商化、标准化，能有效整合区域绿色资源、能形成产品溢价效应。作为协同政府打造"丽水山耕"这一农业区域性公共品牌的丽水市农发公司，将品牌化与农业的生态化、标准化、组织化和电商化相融合，为当地农产品的品牌溢价提供了很好的服务平台。除

---

　　① "品牌扶贫"最早是由浙江大学农业品牌中心胡晓云教授提出的，所谓的品牌扶贫，指的是为贫困地区进行品牌人才培养，设计有效的品牌战略顶层设计，扶持其打造农产品区域公共品牌、母子品牌等，通过贫困地区内普惠式的产品溢价，提升区域品牌经济价值，提高农民的精神气质与创新水平，实现消贫目的的战略选择与举措。

"丽水山耕"外，丽水市围绕创建国家全域旅游示范区目标，打响了"绿谷蓝"旅游区域公共品牌，"绿谷蓝"成为诸多大中城市游客中的旅游目的地。除此之外，畲乡风情旅游、龙泉青瓷小镇、莲都古堰画乡等特色农业小镇和传统古村落等一系列旅游民宿品牌相继走红，形成了"丽水山耕"区域公共品牌（母品牌）引领，相关产业及其配套（子品牌）相互支撑与关联的品牌体系。据估算，丽水山耕、山居、山庄这"三山"品牌的打响，使农产品平均溢价33％。

从电商作用角度看，作为现代营销的新型渠道，电商在缩短小农进入市场距离，融入绿色农业发展方面，同样发挥着重要作用。近年来，丽水市把农村电子商务作为重点推动农民增收的"新三宝"之一。全市建成了15个淘宝村，10 366家网店，1 000多种农产品上网销售，5个县入选全国电商百佳县，其中遂昌县的"赶街"模式成为农村电商的全国样板。统计数据显示，2016年丽水市低收入农户人均可支配收入为9 550元，同比增长19.5％。可以说，丽水品牌扶贫和电商扶贫已为广大丘陵山区农民提供了一条践行"两山"理论的可行路径。

7.4　治理倒逼的绿色振兴模式

治理倒逼的绿色重振模式的基本路径和特点是"整治领动、结构调整和重振发展"，具有代表性的地区是金华、温州、台州等。

以浦江为例，浦江县是闻名全国的"水晶之都"，水晶产量顶峰时占全国80％以上。这里生产的璀璨水晶装点了外面的世界，但水晶作业产生的废水、废渣却让浦江的山水蒙尘纳垢。2013年前，该县遍布城乡的水晶加工户有2万余家，带来每天1.3万吨水晶废水、600吨水晶废渣未经有效处理就直排，全县577条河流中，85％的溪流被严重污染，90％以上是"牛奶河"，浦江一度是全省水质最差的县（市、区），群众对环境的安全感满意度测评成为全省倒数第一，信访量多年位居全省前列。2013年年底，浙江启动了"五水共治"行动，浦江县以壮士断腕的决心淘汰落后产能，以治水治出转型升级，治出绿水青山和绿色发展，成为浙江践行"两山"理论实践中典型的"先污再治"的浦江模式。浦江模式的特点可以概括为：以治水为突破点，倒逼产业新发展；以共治为发力点，建立治理新体系；以调整为着眼点，重构发展新格局。

7.4.1　以治水为突破点，倒逼产业新发展

水晶，曾与绗缝、挂锁、服装、造纸等，并称为浦江"五朵金花"。整治前，水晶、绗缝、挂锁三大产业年产值都超过60亿元，是浦江的支柱产业。特别是水晶，因为门槛低、市场成熟、产业链完备，产量占全国80％以上，

全县有 2 万多户水晶加工户，38 万户籍人口中，近一半劳动力从事水晶或与水晶相关产业，高峰时从事水晶加工的外来务工人员就有 20 万之众。然而，水晶的晶莹剔透都靠人工打磨，先用硫酸等化学物质把杂质洗掉，再用抛光粉抛光，用机器打磨，直至光鉴照人，整个过程都得用清水冲洗和降温，如果把加工水晶后的废水直排到，那么溪流就成为"牛奶河"，并且这种河的水生物将难以生存。为此，浦江开始强势治水。一是三次整治壮士断腕。前两次治水均因为既得利益者的激烈反弹，而告失败，第三次整治时任省委书记夏宝龙亲临浦阳江指挥水环境整治，在浦江发起了以治水倒逼产业转型升级的号召。两年间，浦江以"一锤一锤钉钉子"的做法铁腕治水，累计拆除水晶污染违建加工场所 105 万多平方米，关停水晶加工户 19 547 家，"牛奶河"被彻底消灭。目前，浦阳江断面水质已从过去的劣 V 类水基本达到Ⅲ类水。二是传统优势产业梅开二度。在强势治水倒逼下，浦江传统产业开始转型发展，在取缔无证小水晶作坊的同时，浦江加快中部、东部、南部、西部 4 个水晶产业集聚区建设。2017 年年底水晶产业可恢复到整治前的 60 亿元水平，并且最令人担心和头疼的水污染问题已不复存在。随着水环境整治的深入，持续 8 年之久的绗缝行业整治，也取得突破性进展，2016 年总产值首次突破 70 亿元。针对挂锁行业低小散、粉尘噪声污染严重、部分环节存在水污染的状况，浦江开始对其进行全面整治，要求所有企业必须入园发展，加快这些传统产业的健康有序发展。

7.4.2　以共治为发力点，建立治理新体系

浦江治水行动既是政府强势推动，也是广大群众强烈要求所致。整个治水过程中，形成了政府主治、群众参治的共治局面。一是政府主导治水。全县 1 000 多名县乡干部组成工作组、巡查队、突击队，对全县无照经营户、违法经营户、污染物偷排经营户发起一轮又一轮整治。据了解，浦江首轮治水攻坚战中，全县 13 860 名公务人员，有 1.1 万多人参与其中，参与率达 80%。治水不仅改变了生态环境，而且锻炼了干部队伍，造就了一批敢于负责、敢抓敢管、作风过硬的干部队伍。二是群众参与治水。在治水过程中，浦江广大群众并不是旁观者，而是积极主动参与其中。为建立农村保洁长效机制，全县建立了广大群众参与的农村保洁制度，村民群众自发担任河道保洁员，与社区干部和保洁员一起捡垃圾。现在，浦江县的每一个排污口都落实了责任，每条河流、每段河道都有"河长"，实行"包河治水"，一条河、一个班子、一套方案、一抓到底，并在河边立牌公示，群众自发监督。事实上，这种干群共治局面的形成，其成效不仅是环境得到了整治，而且人的心灵和行为也得到了整治，在荡涤河道上积淀沉渣的同时，也在滋养、净化人们的灵魂和塑造新的价

值追求。

7.4.3 以调整为着眼点,重构发展新格局

就在传统产业梅开二度的同时,随着生态环境的改善,浦江开始加快县域产业结构的调整、升级和重组,现代农业、乡村旅游业、电子商务、文化创意等产业快速崛起。水晶业整治后,大量的民间沉淀资本开始流向现代农业领域,作为"中国巨峰葡萄之乡"的浦江,2016 年葡萄种植面积剧增 866.67 公顷,总面积达 3 400 公顷,规模优势凸显;樱桃、蓝莓、猕猴桃、桃形李、火龙果等特种水果种植,面积新增 266.67 公顷。目前,浦江的香榧种植面积已达到 2 000 公顷,正成为继诸暨之后浙江著名的"香榧之乡"。唤回绿水青山后,丰厚的人文历史、秀美的山水风光、质朴的老街古村,都成了浦江的特色和资源优势,乡村旅游呈现井喷式发展,往日的"水晶第一村"马岭脚村迎来了新的生机,2015 年,杭州外婆家餐饮集团把首个进军乡村的转型项目放在了浦江虞宅乡马岭脚村。他们请来国内顶尖设计师,对全村 170 多间破旧黄泥房进行改造,打造"野马岭中国村",将这里培育成中国民宿的风向标。更令人瞩目的是电子商务和文化创意产业在山乡浦江的崛起。浦江的电子商务产业正以前所未有的势头蓬勃发展,依托毗邻义乌小商品市场的优势和已经形成的电商基础,浦江建成"江南网商园",2016 年全县网上交易额已突破 100 亿元,尤其是跨境电子商务上升至全省第 4 位;跨境网络零售发货量超 1 000 万件,名列仅次于义乌的全省县市区第 2 位。在浦江与义乌交界的南山脚下,正在建设中的浦江"绿谷云溪"项目是个电商创业园,主要承接义乌的溢出效应,包括外国人服务创业园、小商品设计研发创意园、电子商务(义乌购)产业园三大功能分区,预计可吸纳创新型中小微企业 300 余家和 5 000 人以上的现代服务业从业人员。

第三篇　低碳农业政策篇

第8章 我国低碳现代农业的总体目标和基本路径

现代农业始终围绕着"三要",即政府要粮、农民要钱（增收）、市民要命（食品安全），而气候变化无疑对上述诸多需求提出了更严峻的挑战。长期以来，以"机械化＋化学化＝农业现代化"为特征的发展模式不仅使农业成为温室气体的第二大重要来源，而且所带来的土壤、水体、空气等立体交叉污染和食品不安全等负外部性日益严重，推进现代农业向低碳化方向转型势在必行。

8.1 我国低碳现代农业的总体目标

随着城市化的快速推进，居民消费能力的不断提高，人们对无公害、绿色、有机农产品的需求将更为强烈。在这种大背景下，我国应整合生态农业、循环农业、低碳农业的相关做法，提供安全优质农产品（低碳农业与食品安全机理见图8.1）；同时对秸秆资源综合利用、有机肥、生物质能源开发与利用、农林业减排增汇参与国际碳交易等进行产业化运作，以产业化经营实现低碳生态农业高效益，即发展"低碳生态农业经济"，是一种全新的以低能耗和低污染为基础的绿色农业经济。迄今世界上还没有一个国家或地区的农业现代化是建立在低碳经济的发展模式上的。通过发展低碳生态高值农业，我国将走出一条低碳农业的发展之路，将是国家农业发展方式的重大创新。

发展"低碳生态高值农业"其宗旨是整合生态农业、循环农业、低碳农业的相关做法，显著地提升区域农业生态环境、大幅度提高农产品质量，并发展相关农业生物质产业，以"农产品优质化、营养化、功能化"和"农业生物质产业"为核心，突出现代农业的竞争力和比较效益，实现农业的高值化。

低碳生态高值农业主要包括三个大的方面：一是农业生物质资源、水土资源和废弃资源的低碳生态高值化利用；二是农产品的低碳生态高值化生产；三是产后低碳生态高值化加工。

8.2 我国低碳现代农业的基本路径

我国低碳生态高值农业在发展的过程中应做到"四突出"：一是突出科技

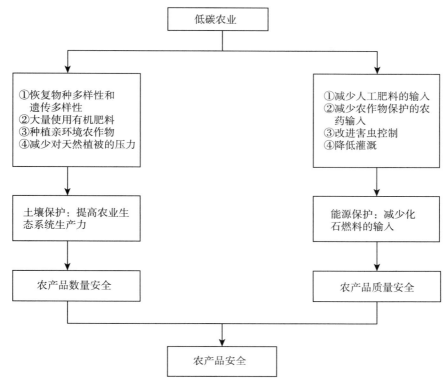

图 8.1　低碳农业与农产品安全的关系图

（低碳生态高值农业的五大科技领域包括：植物种质资源与现代育种技术、动物种质资源与现代育种技术、资源节约型农业科技、农业生产与食品安全科技、农业现代化与智能化农业科技）；二是突出生态农业、循环农业、低碳农业对农业生态环境的改善，由此带来的浙江农产品质量的提升，打造浙江农产品"优质化、营养化、功能化"的形象；三是突出浙江农业主导产业为实施主体；四是突出农产品质量提升和废弃物资源化利用的商品化程度和产业化发展。

低碳生态高值农业发展总体路线见图 8.2。

8.3　我国低碳现代农业的主要内容

8.3.1　我国低碳现代农业的工作重点

低碳农业发展涉及"适应、节能、减排、增汇"等四大方面，涵盖低碳农业技术开发和利用、低碳农业经营管理、低碳农业产业发展等众多领域，本课题首先确定我国低碳农业发展的工作重点，以期以较小的成本—收益比，推进

动植物种质资源 与现代育种	· 重点研发高光效、高碳汇的植物新品培育技术； · 建立浙江优势农产品种质资源库（含氮素高效利用的新品种），发展种业产业链； · 培育生长快、蛋白质含量高、产肉量高、饲料转化率高或抗病能力强的猪、牛、羊、鸡和鱼、虾、贝新品种。
资源节约型农业 生产与食品安全	· 在全省推广生态、循环、低碳的主要技术：垄作免耕技术、灌溉节水技术、科学施肥技术、禽畜健康养殖技术、沼气工程节能减排技术、秸秆资源化利用、农业生产减排CO_2技术（扩大种植覆盖、推广保护性耕作法、农业机械节能增效、植树造林、开发再生能源、提高能源利用率）、农业生产减排CH_4技术（减少禽畜粪便CH_4排放、减少动物肠道发酵CH_4排放、减少稻田CH_4排放）、绿肥饲用技术、病虫害防治技术、CO_2肥料—碳基肥料技术； · 农产品标准化安全生产技术体系和农产品精准化作业达到50%；农业投入品残留合格率100%； · 区域农田养分资源管理系统（主要针对土壤有机质监测）； · 结合浙江实际的立体农业体系； · 覆盖全省的病虫害安全防控技术：先发制"病"，精确防治。
节能减排型 绿色农产品加工	· 在提高农产品加工率的同时，加工环节的污染得到完全控制（尤其是加工环节引入的防腐剂等化学制剂）； · 以浙江蔬菜、水果等主导产业为研究对象，推广农产品加工节能减耗技术和设备（如：太阳能果蔬干燥成套设备），要特别注意目前农产品保鲜、冷藏项目的工艺和项目节能减排； · 以浙江省各种生物质为原料，形成营养保健品、天然化妆品、酶制剂等高值产业群，最大限度地培育浙江农产品优质化、营养化、功能化的形象。
农林废弃物的 高值化利用	· 秸秆资源化利用：肥料化、能源化、工业原料化、饲料化、基料化； · 有机肥产业； · 水产品加工后废水资源化提炼（如加工海带的废水中提炼有机碘等）； · 农林废弃物发展工艺品产业（如菱白叶）； · 农业生物质能源相关产业群（如畜禽粪便为原料发展沼气工程；林业废弃物生产生物质柴油等）。
服务型农业	· 形成景观优美、功能多样，兼具休闲、观光、教育、文化与一体的服务型农业产业。
农业减排参与 国际碳交易	· 农业温室气体减排（如测土配方施肥减排），经核准减排量，可以参与国际碳贸易，主要包括清洁发展机制（CDM）、减少毁林减排（REDD+）和土地利用、土地利用变化与林业（LULUCF）的处理。

图 8.2　我国低碳生态高值农业总体路线图

我国现代农业向低碳农业转型。

8.3.1.1　生产资料减耗为主，田间释放减排为辅

生产资料的能源消耗是农业温室气体释放源头。通过第二部分的核算可以看出，我国农药、化肥、农膜等农业工业投入品排放的温室气体占整个农业源温室气体的 8%～11%，其中化肥就占了 7.83%，尤其是氮肥的生产、运输和过量施用已成为氧化亚氮（其温室效应值 GWP 是二氧化碳的 310 倍）的重要来源，也直接影响到土壤的固碳能力，因此生产资料减耗应成为农业源温室气体减排的源头。

农业技术可以促进生产资料的高效利用。相对于田间释放减排技术，目前生产资料的高效利用技术已进入推广阶段，其中测土配方施肥技术、水肥一体化、精准施肥技术、氮肥深施等旨在提高肥料使用率的技术已经在我国多地应用，通过以上技术的推广，也将表现出其在农业生产节能减排方面的潜力。

生产资料减耗形成区域规模减排，参与国际碳交易。生产资料减耗形成的经核准的减排量参与国际碳交易项目是低碳农业发展的重要方面。四川省 2008—2010 年通过测土配方施肥与美国环保协会签订交易额度为 5 万吨二氧化碳（CO_2）、金额 25 万美元的碳交易项目，农户们参与农业温室气体减排交易项目，不但节约了生产成本、提高了粮食产量、减少了环境污染和温室气体的排放，还可从碳交易项目得到收益补贴。这种思路应成为我国低碳农业发展的特色方向。

8.3.1.2　减废固碳作为最大潜力途径

有机质投入是增产固碳的关键途径。目前我国农地一方面严重缺乏有机质；另一方面每年产生大量有机废弃物生物质。以浙江省为例，在第二部分的核算中，我们已经定量分析了秸秆燃烧的碳排放（占农业碳源的 4.81%）和秸秆还田的固碳减排效应（间接减排 2.02%），还测算了禽畜粪便的甲烷排放（占农业碳源的 4.88%），从中我们可以看出农业废弃物燃烧和丢弃的碳排放，也看出废弃物生物质资源化利用的减排效应。秸秆类、禽畜粪便等资源化还田能有效替代化肥投入，增加土壤的有机质含量，进而提高土壤的固碳能力和农业生产力。

我国生物质转化工程产业化技术已经成熟。目前我国已经开发和应用以禽畜粪便为原料的有机肥产业，将低碳农业作为发展契机，大力发展以农林废弃物为原料的生物质转化工程（生物黑炭、生物气和生物油）和有机肥产业，作为两大低碳农业加工业，使废弃物生物质转化与循环利用走出减肥、减排、增产、增汇、增收的产业化模式。

8.3.1.3　低碳型现代休闲农业作为最具特色发展模式

休闲农业是我国近年来发展起来的农业与服务业相结合的一种新型农业经

营模式。由于休闲农业的建设严格按照生态农业（以生物防治、有机质肥料为主，在标准范围内严格控制化肥、农药用量）或有机农业（不使用农药、化学肥料）的要求，其区域产出的产品为无公害的安全、营养保健食品。休闲农业系统内生物具有多样性，绿色植物丰富，林木覆盖率远高于一般农业区。因此休闲农业也是低碳农业（碳汇农业）的一种重要模式。

我国应通过多种形式的休闲农业，如农家乐、体验农业、森林碳汇旅游等，让游客了解低碳农业的生产模式以及低碳农业对农产品质量的保障；同时鼓励游客通过植树等方式补偿旅游中的"碳足迹"，让休闲旅游发挥普及低碳农业知识的教育功能，为日后发展低碳农产品和倡导低碳农产品消费模式奠定基础。

8.3.2 我国低碳现代农业的十大措施

在第二部分中，我们全面核算了我国及各省农业碳源碳汇情况，并计量了浙江省农业生产措施和管理措施的间接减排潜力。本课题围绕核算结论，从"适应、节能、减排、增汇"等四大方面提出我国发展低碳农业的十大措施，并分析每项措施的主要做法、潜在成本、减排潜力及可行性。

8.3.2.1 适应

农业对气候变化最为敏感，受影响最大，但农业生物对环境变化有很强适应能力，充分利用适应能力的成本明显低于减排增汇。

农业部应根据气象部门提供的未来气候变化的特点，以各级农科院为研究平台，明确气候变化对我国主要粮食主产区的影响，制定区域应对气候变化适应性对策。首先，重点是针对低温雨雪冰冻天气、台风等强对流天气、高温等对我国影响较大且近年发生频率增加的气候现象，开发和应用新型农作物育种技术，尤其是针对农业主导产业，培育或引进抗旱、抗涝、抗高温、抗低温等抗逆品种，充分利用农业系统自身适应能力；其次，加强农业生产管理措施，例如：调整播期、移栽期和收获期；调整轮作或间套作方式（有研究表明随着气候变暖，套种各种经济作物的多熟制将会得到较大发展）；改善局部环境条件（如夏季畜舍遮阴降温）；种植区域和布局调整；应变栽培技术等以提高农业系统的人为适应能力。

从潜在成本角度，提高气候变化条件下农业系统适应能力，主要包括两方面成本，一是培育和选用抗逆品种等生物技术开发和研究支出；二是设施农业、节水灌溉技术、精准农业、农业水利基础设施、防洪减灾体系等农业基础设施投资。

值得注意的是：充分利用气候变化所带来的气候资源变化优势，能够减轻气候变化对农业生产的负面影响，保持农业生产力不下降甚至进一步提高，起到节省、替代或提高物质投入效率的作用，可看成间接减排。

8.3.2.2　节能

随着农业机械化的提高、农产品加工业的不断发展以及农村生活水平的提高，由此带来的能源消耗和温室气体排放所占比重越来越大，通过第二部分的核算得知，我国农业能源使用排放的二氧化碳占整个农业源温室气体的 10% 左右。因此，清洁能源的开发与利用，以及农产品生产、加工设备节能减排成为我国发展低碳农业首先要解决的问题。

措施一：开发农村可再生能源。从目前的技术来看，以秸秆、禽畜粪便加之其他农林废弃物（林业采伐剩余物、竹笋壳、稻壳、玉米芯等）为加工对象，可以重点开发的农业生物质能，包括沼气（以养殖场畜禽粪便为主要发酵原料，获得的沼气主要用于居民集中供气、发电等的沼气工程；以农作物秸秆为主要发酵原料的秸秆沼气集中供气工程）；生物质固体成型燃料（农业部规划设计研究院已在北京市建成年产 1 万吨以秸秆为原料的固体成型燃料示范点，可用作小型锅炉用能）；生物质气气化集中供气（主要以农林生物质剩余物为原料，通过热解气化集中供气，为农民提供生活用能）；生物柴油（可用作农业机械用能）；乙醇汽油（可用作农村摩托车用油）。此外，还可以考虑区域特点，发展太阳能利用（太阳能热水器、太阳房、太阳灶、光伏发电）、小风电和微水电。

措施二：推进农机节能减排。目前我国小型农业机械在农村应用普遍，而保有量大、使用面广的单缸柴油机的小型拖拉机和三轮农用车效率低、能耗高，同时还存在着排放超标的问题。为了降低农机的碳排放，一是要全面推进土地整合，发展大面积连片作业，连片作业使大型农业机械充分发挥效能和合理调配机具成为可能，提高农机利用率，降低能源消耗，促进节能减排的落实；更新淘汰部分老旧农业机械、高能耗老旧装备；二是整合资源，发展农机合作社，提高农机社会化服务组织程度，可以降低农业机械配置数量，地区农机排放量随之减少；三是保护性耕作、高效节水等节能减排技术的推广，也可降低农机作业次数和油耗。此外，随着农产品加工业的发展，可考虑结合当地农业清洁能源的禀赋，采用太阳能果蔬干燥成套设备等与清洁能源结合的加工设备。

8.3.2.3　减排

1. 种植业减排措施（主要是减排 CH_4 和 N_2O）

措施一：灌溉节水技术。高度重视农艺节水技术，根据作物生长周期，需求饱和度进行适时、适量供水，同时能起到节水和减排的"双赢"效果。例如湿润灌溉（保持最大田间持水量）和间歇灌溉稻田 CH_4 排放通量分别较淹水灌溉少 26% 和 40%。

措施二：科学施肥技术。我国化肥施用温室气体排放占整个农业碳源近 8%～11%，因此，化肥（主要是氮肥）的节能减排是农业生产减排的重要部分。选育氮高效品种，提高氮素利用效率，减少农田氮肥投入和损失；氮素营养主要来源于豆科固氮、牲畜粪便和作物秸秆，只对特别需氮的作物有限度地施用一点化肥；$(NH_4)_2SO_4$ 和 K_2SO_4 等硫酸盐肥料施用会大幅度减少 CH_4 排放；减小化学氮肥用量，提高磷肥比例，可降低 N_2O 释放。此外，通过测土配方施肥，根据作物需求施肥，减少化肥的使用数量，避免农田土壤中氮肥过剩；增加有机肥使用数量，改善农田土壤的通气条件和酸碱度；尽量减少农田土壤耕作，大力栽培地面覆盖植物；使用氮肥硝化还原抑制剂等，可以减少 N_2O 排放量。

措施三：改善耕作方式。南京农业大学农学院、农业部南方作物生理生态重点开放实验室丁艳锋的研究表明：推广水旱轮作，减少冬水田面积，是降低南方地区稻田 CH_4 排放的有效途径；稻田免耕 CH_4、N_2O 分别较传统翻耕减少 28％和 33％；节水灌溉条件下麦秸秆还田稻田 CH_4 排放可减少 25％；变秸秆翻施为表施也可显著降低 CH_4 排放。

措施四：发展有机农业。对于传统的农业系统而言，有机农业使用的矿物燃料要少得多，主要是因为：有机农业依靠农业内部投入就可以基本保持土壤肥力（有机肥、采用豆科绿肥和覆盖作物为基础的轮作、间作、混作或套作等）；拒绝使用消耗能源的合成肥和保护作物的药剂；对病虫、杂草采取综合防治，采取适宜的轮作控制杂草、病虫的发生，运用害虫天敌进行生物防治。此外，由于大规模使用有机肥减少了化肥和动物饲料在生产和长途运输中的温室气体排放，因此有机农业对控制温室气体的排放、螯合土壤和生物质中的碳有重要作用。

2. 养殖业减排措施（主要是减排 CH_4）

禽畜健康养殖技术。畜禽养殖是温室气体的重要来源，我国应以"节能减排、种养结合、资源循环利用"的理念，从"饲料、养殖、废弃物资源化利用"全过程发展低碳畜牧业。采用生态型饲料，推广秸秆青贮、氨化，日粮合理搭配，多功能舔砖或营养添加剂等；由传统的养殖方式向清洁养殖转变，建设畜禽养殖场，对集约化养殖场畜禽粪便和污水进行无害化处理与肥料化利用等措施，为适应气候变化及降低气候变化影响作出贡献；建设液体粪污大中型沼气工程，根据生态学"整体、协调、循环、再生"的原则，对未采用干清粪方式的畜禽养殖场采取厌氧生物处理技术和物理处理技术相结合的治理办法，建设液体粪污大中型沼气工程。

8.3.2.4 增汇

随着农药、化肥、农膜等工业投入品的不断增加、农产品加工业的发展、农业机械化程度的提高，农业消耗能源加剧，农业碳源压力将越来越大，因此巩固和发展农业碳汇能在较显著的水平上弥补农业碳排放。

措施一：应用保护性耕作模式。保护性耕作的模式主要包括：东北地区的留茬少免耕播种与垄沟深松耕作模式、西北地区的覆盖耕作、留茬耕作等高耕种模式、华北麦—玉两熟区免耕、旋耕秸秆还田模式、江淮麦—稻两熟区"秸秆还田＋免耕"模式、双季稻三熟区水稻秸秆还田少免耕模式等。从农业机械的角度，尽量不用壁形犁耕作，使用齿形或圆盘形装置浅耕，只是将土壤混合一下，但不把土壤翻转过来。相关研究结果：少免耕和秸秆还田结合可减少区域农业碳排放总量的 4%～7%。

措施二：推广农林复合生态系统。要大力栽培木茎植物等，积极推广农林复合生态系统、林果间套种农作物、果—草生态模式〔福建农科院黄毅斌的研究表明：长期生草有利于土壤有机碳的累积，果—草模式管理的土壤固碳速率为 714.52 千克/(公顷·年)，且生草还能起到绿肥的作用，有利于果树生长〕、种植根系发达的豆科牧草、保护豆科、湿地、草地等"高碳"土壤以提高耕作土地中的碳素储备程度。

还需要注意的是：①上面我们从"适应、节能、减排、增汇"的角度提出了我国发展低碳农业的十大措施，因为低碳农业更注重整体农业能耗和排放的降低，故各种措施应综合使用，孤立单独使用的减排结果往往被其他做法的碳排放所抵消；②低碳农业不仅仅是对农业能源使用和碳排放的约束，其本身还蕴涵商机，因此在农业适应、节能、减排、增汇的同时，要重视支持低碳农业产业的发展，如：有机肥产业、秸秆综合利用产业、生物质能源产业以及更广阔的农业减排参与国际碳排放交易、林业固碳参与 CDM 项目等。

表 8.1 汇总并比较了主要措施的相关做法、潜在成本、减排潜力及可行性。

表 8.1 低碳现代农业发展措施

单位：吨二氧化碳当量/(公顷·年)

低碳农业领域	具体做法	潜在作用	潜在成本	可行性	潜在减排潜力		
					CO_2	N_2O	CH_4
固碳	• 推广保护性耕作，免耕或少耕减少对土壤的破坏 • 多样化的轮作（利用生物多样性、提高生物治虫能力） • 间作豆科等固氮作物（绿肥作物）、保持覆盖作物（留茬）、以保持土壤有机质 • 秸秆等农业剩余物还田 • 农林复合生态系统、恢复或保护湿地、草地 • 氮素营养主要来源于豆科固氮、牲畜粪便和作物秸秆 • 减少冬闲田和裸地	增加土壤的固碳能力。从长期看，可以提高土壤的肥力和质量、保护水资源质量和物种多样性	成本相对较低，主要是购置免耕设备的支出	高	0.15～0.7	0.02	0.00

（续）

低碳农业领域	具体做法	潜在作用	潜在成本	可行性	潜在减排潜力		
					CO_2	N_2O	CH_4
减排农业源甲烷和氧化亚氮	• 降低化肥的使用（降低用量、适期施药、多样化作物轮作提高土壤肥力、推广精准施肥技术） • 养分管理（增加禽畜粪便、沼渣等有机肥、推广测土配方施肥） • 推广有机耕作 • 推广稻田间歇灌溉技术 • 投资建设生物质能工厂（利用禽畜粪便） • 加强粪便管理，投资禽畜粪便的贮存设备 • 饲料管理（推广秸秆青贮、氨化，日粮合理搭配，改善饲料利用率） • 控制禽畜的饲养密度	减排甲烷和氧化亚氮，提高土壤、空气、水资源的质量，利用禽畜粪便生产生物质能发电	成本相对较高，主要是禽畜粪便资源化利用的基础设施投资	中	0.26～0.55	0.07	0.02
减排农业源二氧化碳	• 投资更新提高能源效率的设备和房屋 • 投资农业可再生能源（例如：生物质能、太阳能、风能、再生燃料等）	减排二氧化碳，使农村能源多样化	成本相对较高，主要设备更新费用和新能源开发及使用时需配备相应的基础设施	中	1.69～3.04	0.00	0.00

8.3.3 我国低碳现代农业的主要难点

8.3.3.1 农业兼业化对低碳农业技术推广的限制

比如，有机农业通过减少对土地的耕作、实行间作和淡季耕种豆科植物，利用其固氮作用来促进土壤肥力；更多施用粪肥和秸秆等有机肥料等措施可以将一些碳封存在土壤中。尽管我国对这些做法进行广泛的宣传推广，但在农业生产中人们并没有普遍使用，或者根本不愿意用。因为减少对土地的耕作固然可以减少农民农业生产的人力投入，但这要以更多施用粪肥和秸秆还田来保证土壤的疏松和有机质的丰富为前提，而更多施用粪肥和秸秆还田需要大量的农业劳动力投入，费时费力且劳动强度大，这与国际发达地多人少规模农场秸秆收集大不相同。间作套种可以保持生物的多样性，利用作物间的一些互补作用减少化肥农药的使用，但却使得农业生产采用机械化耕作的难度加大。

目前农村老龄化、空心化、兼业化问题严重，农民更多地依赖外出打工和兼业经营来获取收入，大量农村青壮劳动力外出打工，农村留下的主要是老弱和妇女等劳动力，农村的老弱劳动力不愿也无力对农业投入更多的精力和时间，因而那些简单省时省力且习惯的农业耕作措施更容易被采用，而低碳农业的相关技术受到发展的限制。

8.3.3.2　农业经营组织形式对低碳农业技术推广的限制

我国小农分布的特点决定了规模化低碳农业发展的困难。如果一个农户或一个种植园实行低碳农业的模式，而周围的耕地仍是化学农业，这个生态模式的土壤、空气和水源仍旧受到影响和污染，其产品的品质照样难以提高，难以达到低碳农产品的标准要求，农产品优质优价的目标也难以实现，采用低碳替代技术的农户难以取得经济效益。由于土地对农户兼有社会保障的功能，很多农户不愿意将土地流转出去，导致的土地细碎化等非规模化经营限制了低碳农业技术的采用和推广。

8.3.3.3　资金设备投入对低碳农业技术推广的限制

正如低碳经济中涉及到的交通、建筑系统的低碳改造和新能源的采用均需要投入大量资金用于研发和相应的基础设施改造一样，低碳农业技术的推广中有些也需要相应的资金投入，如免耕和秸秆还田需要的设备投入；有机肥料的遮盖贮藏成本；节水灌溉系统（喷、滴、微灌）的投资；新能源开发以及采用需要的基础设施投入（沼气工程、太阳能、生物质能等）；另外诸如采用测土配方施肥，土壤和肥料测定工作量不断加大。这其中的许多资金投入依靠单独的农户或合作社是无力承担的，而完全依靠政府财政补贴也几乎是不可能的，因此，资金设备投入成为限制低碳农业技术推广的又一大瓶颈。

第9章 我国发展低碳现代农业的政策建议

9.1 制定低碳农业经济发展规划，明确工作目标

深入开展低碳农业调研。低碳农业发展是一项牵涉面广、涵盖内容多的新工作。在发展低碳农业过程中，需要及时进行调研，总结低碳农业发展经验，提炼低碳农业发展模式。对低碳农业进行深入调研主要内容包括：①农户对气候变化的认知程度和主动采取的适应性行为（如调整农时、调整作物品种、购买农业保险、采纳新技术、改善农田周边生态环境等）；②现有的农业生产方式的低碳化程度如何（用指标体系进行评价）；农户采用其中较为低碳化的农业生产方式的影响因素有哪些；③低碳农产品价格的市场化对农业生产的低碳化将会产生何种影响（即低碳农产品的价格比同类农产品高多少，农户才会主动的采用低碳农业的主要措施）；④农业生产方式不合理、生产者在生产过程中过量及不合理使用化肥、农药等化学投入物，而较少使用资源节约型、环境友好型技术的原因；⑤畜禽养殖场在畜禽废弃物资源化利用方面的主要困难；⑥各地在秸秆综合利用、畜禽粪便资源化利用、农牧有机结合方面好的典型与模式运行机制；⑦促进废弃物资源化利用，在基础设施建设、政府财政补贴、企业金融与税收政策鼓励等方面有哪些好的机制和做法；⑧我国农业能源类型和比例，推广沼气工程、太阳能、小水电和微水电等清洁能源的做法和遇到的困难；⑨消费者对低碳农产品的支付意愿如何？影响因素又包括哪些方面；⑩地方政府、农业龙头企业、农民合作组织对于发展低碳农业的态度，以及在政策、法规等方面的要求。取得推进低碳农业发展政策、运行机制、经验和做法、存在的问题和困难等较为详尽的第一手资料。

科学编制低碳农业发展相关规划。目前我国还没有一个清晰的低碳农业概念表述、评价体系、实施规划，在实践中直接导致生态农业、循环农业、低碳农业等发展模式混淆。亟需调整农业发展政策导向从单纯强调农业产量转向保障食品安全、能源安全、适应和减缓气候变化、解决农业面源污染等多目标协同。构建由核心概念、内涵阐释、评价指标、相关模式比较等组成的低碳农业理论体系，强化发展判别和技术应用等基础研究，推进低碳农产品生产和消费

模式以及政策体系实践，在此基础上尽快制订中国低碳现代农业发展规划。发展规划要以科学发展观为指导，从全球气候变化对我国各区域环境的影响入手，明确不同时期的低碳农业经济发展目标和保障措施，使各级政府、农业主管部门、农业生产者和农业相关产业的经营者有所遵循。规划既要有到 2020年的中长期规划目标，也要有到"十二五"期末的阶段性目标，还要有近 3 年的年度实施目标；既要有经济发展指标，也要有节能减排的约束性指标，要突出发展低碳农业的各项指标，并以此为统领，进一步明确各个阶段低碳农业经济发展的重点项目和重点措施，尤其要明确相关政策扶持措施，计算出各个阶段低碳农业经济发展所需的投入总需求和相关组成，明确投入渠道，提供政府补贴，保障低碳农业经济发展需求。

9.2　开展宣传教育，引导低碳农产品消费

积极开展低碳农业的宣传教育。研究结果表明，农户对气候变化的认知显著影响减排技术采纳意愿，而农户自发性适应行为中包括增加化肥农药投入等"高碳"行为。主要应通过教育培训让农户了解农业本身也是造成气候变化的原因之一、而多数减排技术本身不仅可以兼顾高产（至少是稳产），且能提高农业应对气候变化的适应能力。同时，针对农户对气候变化认知的敏感性，重点筛选和推广兼顾提高农业适应能力和减缓农业源温室气体排放的技术。此外，样本区域调查表明，目前农户主要采取的是被动性适应行为，应加强对如调整品种和采用新的栽培技术等主动性适应行为的引导。

实行低碳认证制度，引导低碳农产品消费。对农产品分类制定低碳农产品标准（德国、挪威等国是在原有的有机农产品的基础上附加农产品在生产和运输中的能源使用和排放标准。在欧洲，有机农业被公认为是最符合低碳农业理念的，他们将一切有利于环境的农产品统称为"环境友好农产品"，包括保护物种多样性、减缓气候变化、保护水源等。目前，低碳农产品认证制度主要用于水果、蔬菜和肉类），在全国实行低碳农产品认证，贴上低碳标志，表明该产品不仅质量合格，而且从产品原材料的采集到最终废弃物的处置，整个生命周期过程均符合特定的低碳生产标准（如每亩化肥的施用量、每亩平均能源消耗量、废弃物资源利用率等），对生态环境和人类健康无害。政府同时对低碳农产品进行广泛宣传，让消费者意识到低碳农产品是真正的优质优价，物有所值，同时对贴上低碳标签的农产品给予一定的价格补贴，这既是对发展低碳农业地区农民的鼓励，也是对消费者向低碳消费行为的一种引导。同时，提前实行低碳农产品认证制度，未雨绸缪的应对国际贸易中"绿色壁垒"的不断增加，可以提高我国农产品出口创汇能力。

9.3 突出重点，建立健全低碳农业技术体系

建立低碳农业技术创新与推广机制。农业减排技术研发和推广无疑是低碳农业的关键环节。一方面，需考虑投入减排、过程减排、增产减排等多种途径的减排来建立农业减排技术体系，并围绕农业生物质资源/水土资源和废弃资源低碳化利用、农产品低碳化生产、产后低碳化加工建立低碳农业全产业链技术体系，同时，要特别注重开发适合小农户和大农场的规模中性技术以及配套农机具研发，以克服劳动力需求瓶颈对技术采纳的制约。另一方面，微观实证研究表明，获得技术信息数量以及农业技术推广对农户减排技术采纳意愿和采纳数量都具有积极影响，因此，应建立多渠道技术推广活动，既包括以政府为主体的农业技术推广公共服务，如低碳农业技术培训和田间指导，也应发挥大学和科研机构以及非政府组织（NGOs）的农业技术推广社会化服务，还应发挥农业合作组织和行业协会在新技术传播扩散以及日常管理方面的积极作用。

建立低碳农业技术推广配套服务和补贴机制。研究结果表明，稻田灌溉保障程度和机械化程度以及信贷的可获得性对农户减排技术采纳意愿和采纳数量有重要影响。政府应通过新建和改善农业水利基础设施，通过信贷担保鼓励金融机构降低担保物（抵押物），为农户低碳技术采纳，尤其是低碳农机具购置提供信贷便利。同时，加大对低碳农业技术研发和试验示范农户的技物结合补贴力度，这些配套服务实际上是降低低碳技术和管理措施的采纳门槛。

9.4 因地制宜，科学选择低碳农业经济发展模式

制定区域分异低碳农业发展主导模式。宏观实证研究结果表明，从全国层面看，能源强度效应和单位产量能源强度效应分别是我国农业减排和排放的主要驱动因素。基于此，我国低碳农业发展模式应放在降低耕作强度（推广保护性耕作），优化能源结构（尤其是以农林废弃物为原料可再生能源的开发利用），提高农机（能源）使用效率，通过多技术耦合和管理创新提高产量，提高农业投入品利用效率五个方面。从区域层面看，根据四大区域各自农业温室气体排放驱动因素的差异，中西部应侧重提高农资利用效率、东北部应通过保护性耕作和农机节能减排发展低碳农业、东部地区应重点发挥其农作制度传统提高土地产出率降低单位产量能耗。同时，作为确定区域低碳农业发展重点的基础，农业温室气体排放核算清单方法学亟需完善，并建立区域长效跟踪机制，实时反映各区域农业碳排放动态变化，一方面为国家宏观调控政策服务；另一方面也为即将建立的碳交易市场初始配额分配和价格形成等机制服务。

9.5　制定和实施农业减排增汇的生态补偿政策

发展低碳农业，提高农业的减排增汇水平，必须依托相关的政策保障措施。很多发达国家已制定了详尽的法律法规，如德国规定对施用有机肥、采用间作以避免冬季的农田裸露、播种时采用地表覆盖的农户进行补贴，使氮的利用率从 1980 年的 27% 上升到目前的 70%～80%；欧盟共同农业政策（CAP）规定对适当的轮作、减少土地耕种、减少化肥的使用、种植抗性品种以及合理利用副产品和废料进行投资补贴等。制定和实施农业减排增汇的生态补偿政策要重点解决好四大问题：

一是补偿资金的来源。实行农业减排增汇生态环境补偿，关键在资金的投入。目前农业生态补偿主要由各级财政负担，建议财政今后应加大对农村地区减排固碳、保护水源等生态环境治理和保护的补贴力度。一是在各级财政补贴紧张的情况下，可以考虑先通过"以奖代补""以奖促补"等多种措施，把多渠道的资金打捆，以支持生态农业、循环农业、低碳农业的发展（以上三种农业模式国外称之为环境友好型农业生产模式）；二是可适时建立农业生态环境补偿基金，可以借鉴国家林业局中国碳基金的做法，企业或个人每出资 1 000 元人民币将获得 5.6 吨碳汇，以消除生产和生活中的碳排放。即通过多角度、多方位地通过社会公众补偿、个人捐赠、发行生态福利彩票等途径筹集生态环境补偿资金，逐步构建以政府财政为主导，社会捐助、市场运作为辅助的农业生态补偿基金来源。

二是补偿范围的确定。结合目前各地现代农业示范区建设，可考虑建立低碳农业示范区、低碳农业特色精品园并实施重点项目农业源温室气体减排增汇管理。目前，农业减排固碳生态补偿项目的重点应包括：一是秸秆综合利用生态补偿项目。对实行稻田保护性耕作、玉米秸秆粉碎还田、秸秆生物反应碳肥利用、秸秆青贮饲用和秸秆气化燃用等环境友好技术的农户给予补贴。二是化肥和农药减施生态补偿项目。对采用了配方施肥、化肥深施、施用有机肥等肥料合理使用技术的农户给予补贴。三是畜禽粪便资源化利用生态补偿项目。对选用了高效、低毒、低残留、生物农药的农户给予补贴，对畜禽粪便进行资源化处理利用的规模化养殖场也应给予补贴。四是对节能减排农机给予补贴。五是对农产品加工企业大幅度降低单位产值排放强度投资给予补贴或贴息贷款等优惠。

三是补偿方式的选择。如前所述，很多低碳农业技术对农民技术和管理水平都有一定要求，因此除了简单金钱补偿的方式外，技术补偿显得尤为重要。如间套轮作哪些作物可以提高土壤的有机质兼能达到生物治虫、测土配方施肥的相关技术、有机农业的技术和管理标准等，只有当农民掌握了相关技术和管理措施后，才能真正的实现农业系统减排增汇的目标。因此政府可通过提供低碳农业、生态农业、有机农业技术和配套服务来补偿采用这些农业生产方式的农户。除此以外，还要注意农机方面的配套服务，如在所有收割机上都加装切碎、抛撒的装置，这样农户秸秆还田实施起来就相对容易些；通过采取一些扶持性政策，如优先采用低碳农业生产方式的农民通过食品安全认证或开拓国内外市场，使低碳农产品的一部分外部效益得以市场化体现，也将提高农民进行低碳农业生产的积极性。

四是补偿标准的确定。应采用国际上通用的机会成本法、市场价格、影子价格法、碳税法等对农业生态系统减排固碳生态服务价值进行评估，将评估结果作为补偿标准的依据；同时还要综合考虑农户采用低碳技术的成本增加、产量影响、收入变化、消费者对低碳农产品的支付意愿以及各级政府的财力状况。补贴的标准采取上下限的弹性区间，与各地级、低碳农业示范区、低碳农业特色精品园、合作社签订合同、规定目标，并对照目标监督减排固碳绩效，对绩效突出的补贴可以取最高上限；对绩效不明显的或者违背合同规定的，减少项目支持或停止项目实施，追回已经付出的补贴资金，直至追究法律责任。

9.6 积极开展清洁发展机制（CDM）项目，发展国际碳汇交易

清洁发展机制（CDM）系《京都议定书》确立的一种减排机制，核心内涵是：发达国家通过提供资金和技术的方式，与发展中国家合作，在发展中国家实施具有温室气体减排效果的项目，项目所产生的温室气体减排量用于发达国家履行《京都议定书》的承诺。CDM的实质是搭建了一个碳交易平台，使碳排放配额可以在该交易平台上公开出售，是一种"减排量信用"或"减排量指标"的交易。

2009年11月7日，湖北恩施农村户用沼气和山东民和禽畜粪便沼气工程项目已成为我国在联合国成功注册的第一个户用沼气CDM项目和第一个特大型沼气工程CDM项目，买方均为世界银行，购买期限为10年。其中山东民和2万立方米沼气工程项目每年减排温室气体6.7万吨二氧化碳当量，CDM年收益达630万元。

应鼓励发展CDM专业研究开发机构和专家，为我国各地发展低碳农业寻求国际资金和技术融资的新渠道，同时也是谋求国际范围的农业减排固碳效应生态补偿，结合我国农业实际可以参与的国际农业CDM项目主要存在于三个类别：禽畜粪便处理收集沼气发电或取热（目前国际农业CDM所占比重最大的）；生物质（如秸秆）直燃或气化发电；农业废弃物如稻壳、锯木厂废弃物

等沼气处理工程以及林业生产废弃物热电联产项目等；同时可以考虑通过把"改变耕作方式""改良肥料管理""改良肥料使用方法"等包装成 CDM 项目，吸引国际低碳农业资金和技术，以支持现代农业向低碳化转型发展。

9.7　扶持合作经济组织，推进土地流转和规模经营，提高农业能耗效率

我国目前农业生产特点仍然给规模化低碳农业发展带来了困难。例如，一个农户或一个种植园实行低碳农业的模式，而周围的耕地仍是化学农业，这个生态模式的土壤、空气和水源仍旧受到影响和污染。这就需要进一步推进土地流转，如浙江 2010 年提出建设现代农业综合区，发展大面积连片作业，连片作业将使大型农业机械充分发挥效能和合理调配机具成为可能，提高农机利用率，降低能源消耗，促进节能减排的落实；同时连片规模经营还可以提高沼气工程、太阳能等清洁能源基础设施的利用效率。

随着土地规模化经营，低碳农业的发展还需要在组织形态上进行改变，成立相应的农村社会化服务组织，比如发展农机合作社，可以提高农机社会化服务组织程度，降低农业机械配置数量，地区农机排放量随之减少；成立低碳生态农户合作社，以合作社为主体普及和规模化应用低碳农业技术等。

参 考 文 献

蔡荣，2011."合作社＋农户"模式：交易费用节约与农户增收效应——基于山东省苹果种植农户问卷调查的实证分析 [J]．中国农村经济（1）：59-65．

曹凑贵，2010．稻作措施对稻田土壤碳排放的影响 [C]．北京：全国低碳农业研讨会．

陈阜，2010．保护性耕作及其固碳减排效应 [C]．北京：全国低碳农业研讨会．

陈庆根，杨万江，2010．中国稻农生产经济效益比较及影响因素分析——基于湖南、浙江两省565户稻农的生产调查 [J]．中国农村经济（6）：16-24．

陈剑平，2012．农业综合体：区域现代农业发展的新载体 [N]．浙江日报，2012-12-03．

陈文晴，2011．低碳农业发展的金融政策探析 [J]．科技进步与对策，28（10）：62-64．

陈晓萍，徐淑英，樊景立，2008．组织与管理研究的实证方法 [M]．北京：北京大学出版社．

褚彩虹，冯淑怡，张蔚文，2012．农户采用环境友好型农业技术行为的实证分析——以有机肥与测土配方施肥技术为例 [J]．中国农村经济（3）：68-76．

邓水兰，温治忠，2011．我国发展低碳农业存在的问题及对策 [J]．南昌大学学报（人文社会科学版）：42（5）：88-92．

董红敏，李玉娥，陶秀萍，等，2008．中国农业源温室气体排放与减排技术对策 [J]．农业工程学报，24（10）：269-273．

高尚宾，2008．建立生态补偿机制，探索集约化农业可持续发展之路 [J]．农业科技管理，27（1）：21-24．

葛继红，周曙东，朱红根，等，2010．农户采用环境友好型技术行为研究——以配方施肥技术为例 [J]．农业技术经济（9）：57-63．

巩前文，穆向丽，田志宏，2010．农户过量施肥风险认知及规避能力的影响因素分析——基于江汉平原284个农户的问卷调查 [J]．中国农村经济（10）：66-76．

郭辉，张术环，2011．我国发展低碳农业面临的主要问题及解决途径研究 [J]．农业经济（9）：18-19．

贺顺奎，2010．低碳农业：农业现代化的必然选择 [J]．贵阳学院学报（自然科学版）：9（3）：39-41．

胡习斌，2009．论低碳农业经济发展 [M]．北京：中国农业出版社．

胡新良，2011．低碳农业生产：农产品质量安全管理的治本之策 [J]．江汉论坛（8）：15-19．

黄山美，2011．发展低碳农业的碳市场机制初探 [J]．中国农学通报，27（8）：395-401．

黄祖辉，米松华，2011．农业碳足迹研究——以浙江省为例 [J]．农业经济问题，32

（11）：40－47.

季学生，季学明，2010. 我国现代农业低碳化道路的选择建议［J］. 上海农业科技（5）：6－7.

姜国忠，2004. 论我国功能多样性农业发展模式与农业竞争优势的构建［J］. 理论探讨（3）：42－44.

蒋高明，郑延海，冯素飞，等，2008. 农业与低碳经济：生态学主导的新农村革命与大粮食安全［M］. 北京：中国环境科学出版社.

李波，张俊飚，李海鹏，2011. 中国农业碳排放时空特征及影响因素分解［J］. 中国人口•资源与环境，21（8）：80－86.

李殿伟，文桂江，2010. 我国推进低碳经济发展的路径分析［J］. 现代经济探讨（7）：10－13.

李凤博，方福平，程式华，2011. 浙江省水稻生产能力和制约因素及对策［J］. 农业现代化研究，32（3）：261－265.

李国志，李宗植，2010. 中国农业能源消费碳排放因素分解实证分析——基于 LMDI 模型［J］.农业技术经济（10）：66－71.

李国志，李宗植，周明，2011. 碳排放与农业经济增长关系实证分析［J］. 农业经济与管理，8（4）：32－38.

李皇照，2010. 消费者驱动低碳农业发展——食品配销与消费策略之探讨［J］. 台湾农业探索（4）：12－18.

李建波，2011. 低碳农业嵌入农业转型升级探究［J］. 学术交流（10）：123－126.

李明贤，2010. 我国低碳农业发展的技术锁定与替代策略［J］. 湖南农业大学学报（社会科学版）（2）：1－4.

李启平，2010. 低碳农业对农产品安全的影响研究［J］. 中国安全科学学报，20（3）：145－150.

李晓燕，王彬彬，2010a. 低碳农业：应对气候变化下的农业发展之路［J］. 农村经济（3）：10－12.

李晓燕，王彬彬，2010b. 四川发展低碳农业的必然性和途径［J］. 西南民族大学学报（2）：103－107.

梁龙，杜章留，吴文良，等，2011. 北京现代都市低碳农业的前景与策略［J］. 中国人口•资源与环境，21（2）：130－136.

林而达，2010. 中国气候变化和农业的减排潜力及优先行动［R］. 北京：中华人民共和国农业部.

刘泉君，2011. 低碳农业发展金融困境及对策探究［J］. 当代经济（12）：74－75.

吕亚荣，陈淑芬，2010. 农民对气候变化的认知及适应性行为分析［J］. 中国农村经济（7）：75－86.

毛飞，孔祥智，2011. 农户安全农药选配行为影响因素分析——基于陕西 5 个苹果主产县的调查［J］. 农业技术经济（5）：4－12.

农业部软科学委员会课题组，2011. 中国农业发展新阶段的特征和政策研究［J］. 农业经

济问题 (1)：3 - 8.

潘根兴，张旭辉，李恋卿，等，2011. 农业与气候变化的若干科学问题 [J]. 科学中国人 (5)：23 - 24.

潘根兴，2010. 农业与气候变化的若干重要问题 [C]. 北京：全国低碳农业研讨会.

潘志华，郑大玮，2010. 积极应对气候变化，科学发展中国特色低碳农业 [C]. 北京：全国低碳农业研讨会.

漆雁斌，陈卫洪，2010. 低碳农业发展影响因素的回归分析 [J]. 农村经济 (2)：19 - 23.

漆雁斌，毛婷婷，殷凌霄，2010. 能源紧张情况下的低碳农业发展问题分析 [J]. 农业技术经济 (3)：106 - 115.

冉光和，鲁钏阳，王建洪，2011. 中国低碳农业发展的基本理论与可行路径 [J]. 科技进步与对策，28 (20)：157 - 160.

冉光和，王建洪，王定祥，2011. 我国现代农业生产的碳排放变动趋势研究 [J]. 农业经济问题 (2)：32 - 38.

沈满洪，吴文博，魏楚，2011. 近二十年低碳经济研究进展及未来趋势 [J]. 浙江大学学报 (人文社会科学版) 41 (3)：28 - 39.

施正屏，林玉娟，2010. 低碳农业安全政策模型研究 [J]. 台湾农业探索：(4)：5 - 11.

孙芳，林而达，2012. 中国农业温室气体减排交易的机遇与挑战 [J]. 气候变化研究进展，8 (1)：54 - 59.

汤秋香，谢瑞芝，章建新，等，2009. 典型生态区保护性耕作主体模式及影响采用的因子分析 [J]. 中国农业科学，42 (2)：469 - 477.

王松良，Caldwell C. D.，祝文烽，2010. 低碳农业：来源、原理和策略 [J]. 农业现代化研究，31 (5)：604 - 607.

王耀兴，安炜姣，2010. 中国发展低碳农业的法律构建研究 [J]. 中国农村小康科技 (6)：16 - 17.

王昀，2008. 低碳农业经济略论 [J]. 中国农业信息 (8)：12 - 15.

温铁军，董筱丹，石嫣，2010. 中国农业发展方向的转变和政策导向 [J]. 农村经济问题 (10)：88 - 94.

翁伯琦，2010. 低碳农业导论 [M]. 北京：中国农业出版社.

翁伯琦，2009. 论循环经济发展与低碳农业构建 [J]. 鄱阳湖学刊 (3)：92 - 102.

翁志辉，林海，柯文辉，等，2009. 台湾地区低碳农业发展策略与启示 [J]. 福建农业学报，24 (6)：586 - 591.

向东梅，周洪文，2007. 现有农业环境政策对农户采用环境友好技术行为的影响分析 [J]. 生态经济 (2)：88 - 91.

向国成，邓明均，2010. 推进湖南低碳农业发展的农产品碳标签制度研究框架 [C]. 长沙：湖南省技术经济与管理现代化研究会 2010 年学术年会.

徐卫涛，张俊飚，李树明，等，2010. 循环农业中的农户减量化投入行为分析——基于晋、鲁、豫三省的化肥投入调查 [J]. 资源科学，32 (12)：2 407 - 2 412.

许广月，2010. 中国低碳农业发展研究 [J]. 经济学家 (10)：72 - 78.

严立冬，邓远建，屈志光，2010. 论生态视角下的低碳农业发展 [J]. 中国人口·资源和环境，20（12）：40-46.

杨钧，2012. 中国农业碳排放的地区差异和影响因素分析 [J]. 河南农业大学学报，46（3）：336-342.

杨良山，王丽娟，等，2012. 浙江创意农业发展路径选择与对策探讨 [J]. 浙江农业科学（9）：1 226-1 231.

杨玲萍，吕涛，2011. 我国碳锁定原因分析及解锁策略 [J]. 工业技术经济（4）：151-157.

姚延婷，陈万明，2010. 农业温室气体排放现状及低碳农业发展模式研究 [J]. 科技进步与对策，27（22）：48-51.

喻永红，韩洪云，2012. 农民健康危害认知与保护性耕作措施采用——对湖北省稻农 IPM 采用行为的实证分析 [J]. 农业技术经济（2）：54-62.

张大芳，1993. 我国作物秸秆燃烧甲烷和氧化亚氮排放量估算 [J]. 农业环境保护，12（2）：57-61.

张国平，2010. 低碳农业环境关键技术研究 [C]. 杭州：浙江大学西湖学术论坛第 63 次会议.

张开华，陈胜涛，2012. 试论低碳农业发展的支持机制 [J]. 中南财经政法大学学报（1）：110-114.

张利国，2011. 农户从事环境友好型农业生产行为研究——基于江西省 278 份农户问卷调查的实证分析 [J]. 农业技术经济（6）：114-120.

张卫峰，2010. 优化氮肥管理，发展低碳经济 [C]. 北京：全国低碳农业研讨会.

张宪英，2010. 我国低碳农业解读及其发展路径初探 [D]. 上海：复旦大学.

张艳，漆雁斌，贾阳，2011. 低碳农业与碳金融良性互动机制研究 [J]. 农业经济问题（6）：96-102.

张耀民，沈跃，周毅，等，1993. 中国农业排放源甲烷排放量的估算 [J]. 生态与农村环境学报（S1）：3-8.

赵其国，钱海燕，2009. 低碳经济与农业发展思考 [J]. 生态环境学报，18（5）：1609-1614.

赵其国，2010. 低碳与生态高值农业发展思考 [C]. 北京：全国低碳农业研讨会.

周其文，2009. 农业生态补偿政策探讨 [C]. 天津：第三届全国农业环境科学学术研讨会.

邹晓霞，李玉娥，高清竹，等，2011. 中国农业领域温室气体主要排放措施研究分析 [J]. 生态环境学报，20（8-9）：1 348-1 358.

邹新阳，2011. 碳金融与农村金融的互动研究 [J]. 农业技术经济（6）：70-76.

Alvarez R，2005. A review of nitrogen fertilizer and conservative tillage effects on soil organic storage [J]. Soil Use Management，，21（1）：38-52.

Badgley C.，Moghtader J.，Quintero E. et al，2006. Organic agriculture and the global food supply [J]. Renewable Agriculture and Food System，22（2）：86-108.

Beach R. H., DeAngelo B. J., Rose S., et al, 2008. Mitigation potential and costs for global agricultural greenhouse gas emissions [J]. Agricultural Economics, 38 (2): 109 – 115.

Blandford D., Josling T, 2009. Greenhouse gas reduction policies and agriculture: implications for production incentives and international trade discipline [R]. International Food & Agricultural Trade Policy Council.

Cai Z. C., Tsuruta H., Gao M., et al, 2003. Options for mitigating methane emission from a permanently flooded rice field [J]. Global Change Biology, 9 (1): 37 – 45.

Cai Z. C., Tsuruta H., Minami K, 2000. Methane emissions from rice fields in China: measurements and influencing factors [J]. Journal of Geophysical Research, 105 (17): 231 – 242.

Cambel A. B., Wander R. C., 1976. Energy resource demands of food production. Energy, 1 (2): 133 – 142.

Cameron A., Trivedi P. K, 1998. Regression Analysis of Count Data [M]. New York: Cambridge University Press.

Cannell M. G. R, 2003. Carbon sequestration and biomass energy offset: theoretical, potential and achievable capacities globally, in Europe and the UK [J]. Biomass Bioenergy, 24 (2): 97 – 116.

Cao S., Xie G., Zhen L, 2010. Total embodied energy requirements and its decomposition in China's agricultural sector [J]. Ecological Economics, 69 (7): 1 396 – 1 404.

Cohen S., Demeritt D., Robinson J., et al, 1998. Climate change and sustainable development: towards dialogue [J]. Global Environment Change, 8 (4): 341 – 371.

Cole C. V., Duxbury J., Freney J., et al, 1997. Global estimates of potential mitigation of greenhouse gas emission by agriculture [J]. Nutrient Cycling in Agroecosystems, 49 (1 – 3): 211 – 228.

Dalrymple D. G, 1978. Development and spread of HYV of wheat and rice in LDC's [R]. Washington, D. C.: U. S. Department of Agriculture Foreign Agricultural Report, No. 95.

Deressa T. T., Hassan R. M., Ringler C., et al, 2009. Yesuf, M. Determinants of farmers' choice of adaptation methods to climate change in the Nile Basin of Ethiopia [J]. Global Environmental Change, 19 (2): 248 – 255.

Dyer J. A., Kulshreshtha S. N., McConkey B. G., et al, 2010. An assessment of fossil fuel energy use and CO_2 emissions from farm field operations using a regional level crop and land use database for Canada [J]. Energy, 35 (5): 2 261 – 2 269.

Energetics, 2012. The reality of carbon neutrality [EB/OL]. London. http://www.energetics.com.au/file? node _ id=21 228.

ETAP, 2010. The carbon trust helps UK businesses reduce their environmental impact [EB/OL]. http://www.docstoc.com/client - services/footprint - measurement.

Falconer, K, 2000. Farm – level constraints on agri – environmental scheme participation: a transactional perspective [J]. Journal of Rural Studies, 16 (3): 379 – 394.

Fankhauser S, 1998. The costs of adapting to climate change [R]. GEF Working Paper 16, Global Environment Facility, Washington, D. C., USA.

Faria A., Fenn P., Bruce A, 2003. A count Data Model of technology adoption [J]. Journal of Technology Transfers, 28 (1): 63 – 79.

Filho D. S., Peter R. H., Sayre K., et al, 2008. The role of conservation agriculture in sustainable agriculture [J]. Philosophical Transactions of Royal Society Biological Sciences, 363 (1 491): 543 – 555.

Foley J. A., DeFries R., Asner G., et al, 2005. Global consequences of land use [J]. Science, 309 (5 734): 570 – 574.

Food and Agriculture Organization, 2009. Organic agriculture and climate change [EB/OL]. http: //www. fao. org/DOCREP/005/Y4 137E/y4 137e02b. htm#89.

Francesco N., Tubiello A, 2009. Carbon financial mechanisms for agriculture and rural development: challenges and opportunities along the Bali roadmap [J]. Climate Change, 97 (1 – 2): 3 – 21.

Freibauer A., Roumsevell M., Smith P., et al, 2004. Carbon sequestration in the agricultural soils of Europe [J]. Geoderma, 122 (1): 1 – 23.

Godwin R. J., Richards T. E., Wood G. A., et al, 2003. An economic analysis of the potential for precision farming in UK cereal production [J]. Biosystems Engineering, 84 (4): 533 – 545.

Gurmu S., Trivedi P. K, 1996. Excess zeros in count models for recreational trips [J]. Business Economics Statistics, 14 (4): 469 – 477.

Gurmu S., Trivedi P. K, 1998. Generalized hurdle count data regression models [J]. Economics Letters, 58 (3): 263 – 268.

Gurmu S., Trivedi P. K, 1997. Semi – parametric estimation of hurdle regression models with an application to medical utilization [J]. Journal of Application Econometrics, (12): 225 – 242.

Heijungs R., Suh S, 2002. The Computational Structure of Life Cycle Assessment [M]. Dordrecht, Netherlands: Kluwer Academic Publishers.

Heijungs R., de Koning A., Suh S., et al, 2006. Toward an information tool for integrated product policy: requirements for data and computation [J]. Journal of Industrial Ecology, 10 (3): 147 – 158.

Hill R. C., Grififths W. E., Lim G. C, 2008. Principles of Econometrics [M]. 3rd ed. New York: Wiley.

Intergovernmental Panel on Climate Change (IPCC): 2011. Climate Change: the scientific basis [R]. In: Houghton J. T., Ding Y., Griggs D. J., et al (Eds.): Contributions of Working Group 1 to the Third Assessment Report of the Intergovernmental Panel on Climate Change. Cambridge University Press, Cambridge, United Kingdom and New York, NY.

Intergovernmental Panel on Climate Change (IPCC): 2007. Climate change: mitigation of climate change contribution of working group Ⅲ to the fourth assessment report of the intergovernmental panel on climate change [R]. Cambridge: United Kingdom, Cambridge University Press.

Isgin T., Bilgic A., Forster D. L., et al, 2008. Using count data models to determine the factors affecting farmers' quantity decisions of precision farming technology adoption [J]. Computers and Electronics in Agriculture, 62 (2): 231 - 242.

Kang G. D., Cai Z. C., Feng X. Z, 2002. Importance of water regime during the non - rice growing period in winter in regional variation of CH_4 emissions from rice fields during following rice growing period in China [J]. Nutrient Cycling Agroecosystem, 64 (1 - 2): 95 - 100.

King J. A., Bradley R. I., Harrison R., et al, 2004. Carbon sequestration and saving potential associated with changes to the management of agricultural soils in England [J]. Soil Use and Management, 20 (4): 394 - 402.

Klein R. J. T., Schipper E. L. F., Dessai S, 2005. Integrating mitigation and adaptation into climate and development policy: three research questions [J]. Environmental Science & Policy, 8 (6): 579 - 588.

Lassey K. R, 2007. Livestock methane emissions: from the individual grazing animal through national inventories to the global methane cycle [J]. Agricultural and Forest Meteorology, 142 (2 - 4): 120 - 132.

Lenzen M, 2001. Errors in conventional and input - output - based life - cycle inventories [J]. Journal of Industrial Ecology, 4 (4): 127 - 148.

MacLeod M., Moran D., Eory V, 2010. Developing greenhouse gas marginal abatement cost curves for agriculture emissions from crops and soils in the UK [J]. Agriculture Systems, 103 (4): 198 - 209.

Mariano M. J., Villano R., Fleming E, 2012. Factors influencing farmers'adoption of modern rice technologies and good management practices in the Philippines [J]. Agricultural Systems (110): 41 - 53.

Matthews H. S., Hendrickson C. T., Weber C. L, 2008. The importance of carbon footprint estimation boundaries [J]. Environmental Science & Technology, 42 (16): 5839 - 5842.

Meisterling K., Samaras C., Schweizer V, 2009. Decisions to reduce greenhouse gases from agriculture and product transport: LCA case study of organic and conventional wheat [J]. Journal of Cleaner Production (17): 222 - 230.

Monteny G. J., Bannink A., Chadwick D, 2006. Greenhouse gas abatement strategies for animal husbandry [J]. Agriculture, Ecosystems & Environment, 112 (2 - 3): 163 -170.

Moorby J., Chadwick D., Scholefield D, 2007. A review of research to identify best practice for reducing greenhouse gases from agriculture and land management [R]. London: IGER – ADAS, Defra AC0 206 Report.

Mosier A. R., Halvorson A. D., Peterson G. A., et al, 2005. Measurement of net global warming potential in three agroecosystems [J]. Nutrient Cycling Agroecosystem, 72 (1): 67 – 76.

Mosier A. R., Halvorson A. D., Reule C. A., et al, 2006. Net global warming potential and greenhouse gas intensity in irrigated cropping systems in Northeastern Colorado [J]. Journal of Environmental Quality, 35 (4): 1 584 – 1 598.

Murry J. W., Hammons J. O, 1995. Delphi: a versatile methodology for conducting qualitative research [J]. The Review of Higher Education, 18 (14): 423 – 436.

O' Hara P., Freney J, 2003. Abatement of agricultural non – carbon dioxide greenhouse gas emissions-a study of research requirements [R]. New Zealand: A Report Prepared for the Ministry of Agriculture and Forestry.

Ogle S. M., Breidt F. J., Paustian K, 2005. Agricultural management impacts on soil organic carbon storage under moist and dry climatic conditions of temperate and tropical regions [J]. Biogeochemistry, 72 (1): 87 – 121.

Pathak H., Wassann R, 2007. Introducing greenhouse gas mitigation as a development objective in rice – based agriculture I : Generation of technical coefficients [J]. Agriculture Systems, 94 (3): 807 – 825.

Pathak H., Wassann R, 2007. Introducing greenhouse gas mitigation as a development objective in rice – based a griculture II : Cost-benefit assessment for different technologies, regions and scales [J]. Agriculture Systems, 94 (3): 826 – 840.

Paustian K., Babcock B., Kling C., et al, 2004. Agricultural mitigation of greenhouse gases: science and policy options [M]. London: CAST.

Pretty J., Brett C., Gee D., et al, 2001. Policy challenges and priorities for internalizing the externalities of modern agriculture [J]. Journal of Environmental Planning and Management, 44 (2): 263 – 283.

Rahelizatovo N. C., Gillespie J. M, 2004. The adoption of best – management practices by Louisiana dairy produces [J]. Journal of Agriculture Application Economics, 36 (1): 229 – 240.

Richard W., Manfred, L., Christopher D., et al, 2006. A comparative study of some environmental impacts of conventional and organic farming in Australia [J]. Agriculture System, 89 (2 – 3): 324 – 348.

Saltiel J., Bauder J. W., Palakovich S, 1994. Adoption of sustainable agricultural practices: diffusion, farm structure and profitability [J]. Rural Sociology, 59 (2): 333 – 349.

Schneider U. A, 2000. Agricultural sector analysis on greenhouse gas emission mitigation in the United States [C]. Berlin: Humboldt University.

Scialabba N. E., Lindenlauf M. M, 2010. Organic agriculture and climate change [J].

Renewable Agriculture and Food System，25（2）：158 - 169.

Smith P. , Truines E, 2007. Agricultural measures for mitigating climate change：will the barrier prevent any benefits to developing countries? [J]. International Journal of Agricultural Sustainability，4（3）：173 - 175.

Smith P. , Martino D. , Cai Z. C. , et al, 2008. Greenhouse gas mitigation in agriculture [J]. Philosophical Transactions of Royal Society Biological Sciences，363（2184）：789 - 813.

Smith P. , Martino D. , Cai Z. C. , et al, 2007. Policy and technological constraints to implementation of greenhouse gas mitigation options in agriculture [J]. Agriculture, Ecosystems and Environment，118（1 - 4）：6 - 28.

Steele S. R, 2009. Expanding the solution set：organizational economics and agri - environmental policy [J]. Ecological Economics，69（2）：398 - 405.

Steinhart J. S. , Steinhart C. E, 1974. Energy use in the US food system [J]. Science，184（4 134）：307 - 316.

Sun J. W, 1998. Changes in energy consumption and energy intensity：A complete decomposition model [J]. Energy Economics，20（1）：85 - 100.

Swart R. , Raes F, 2007. Making integration of adaptation and mitigation work：mainstreaming into sustainable development policies? [J]. Climate Policy，7（4）：288 - 303.

Walker A. M, 1994. Delphi study of research priorities in the clinical practice of physiotherap [J]. Physiotherapy，80（1）：205 - 207.

Wassmann R. , Lantin R. S. , Neue H. U. , et al, 2000. Characterization of methane emissions from rice field in Asia Ⅲ. Mitigation options and future research needs [J]. Nutrient Cycling in Agroecosystems，58（1 - 3）：23 - 36.

West T. O. , Marl G, 2002. A synthesis of carbon sequestration，carbon emissions，and net carbon flux in agriculture：comparing tillage practices in the United States [J]. Agriculture, Ecosystems Environment，91（1 - 3）：217 - 232.

West T. O. , Post W. M, 2002. Soil organic carbon sequestration rates by tillage and crop rotation：a global data analysis [J]. Soil Science Society of America Journal，66（12）：1930 - 1946.

Williams P. L. , Webb C, 1994. The Delphi Technique：a methodological discuss. [J] Journal of Advance Nursing，19（1）：180 - 186.

Yan X. , Ohara T. , Akimoto H, 2003. Development of region - specific emission factors and estimation of methane emission from rice field in East，Southeast and South Asian countries [R]. Global Change Biology，9（2）：237 - 254.

Zhou S. , Herzfeld T. , Glauben T, 2008. Factors affecting Chinese farmers' decisions to adopt a water - saving technology [J]. Canadian Journal of Agricultural Economics，56（1）：51 - 61.